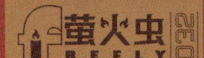

# 1861　1865

[英]丹·皮尔 编著
尹翎鸥 佟丽莉 译

# 美国内战故事

## THE STORY OF THE AMERICAN CIVIL WAR

中国画报出版社·北京

图书在版编目（CIP）数据

美国内战故事 / (英) 丹·皮尔编著；尹翎鸥, 佟丽莉译. -- 北京：中国画报出版社, 2021.12
（萤火虫书系）
书名原文：The Story of the American Civil War
ISBN 978-7-5146-2042-9

Ⅰ. ①美… Ⅱ. ①丹… ②尹… ③佟… Ⅲ. ①美国南北战争 - 史料 Ⅳ. ①K712.43

中国版本图书馆CIP数据核字(2021)第207026号

Articles in this issue are translated or reproduced from The Story of the American Civil War and are the copyright of or licensed to Future Publishing Limited, a Future plc group company, UK 2019. Used under licence. All rights reserved.

北京市版权登记局著作权合同登记号：01-2021-4365

# 美国内战故事

[英] 丹·皮尔 编著　　尹翎鸥 佟丽莉 译

出 版 人：于九涛
责任编辑：石曼琳
审　　校：崔学森
责任印制：焦　洋
营销编辑：孙小雨

出版发行：中国画报出版社
地　　址：中国北京市海淀区车公庄西路33号　邮编：100048
发 行 部：010-88417438　010-68414683（传真）
总编室兼传真：010-88417359　版权部：010-88417359

开　　本：16开（787mm × 1092mm）
印　　张：13.25
字　　数：202千字
版　　次：2021年12月第1版　2021年12月第1次印刷
印　　刷：北京汇瑞嘉合文化发展有限公司
书　　号：ISBN 978-7-5146-2042-9
定　　价：75.00元

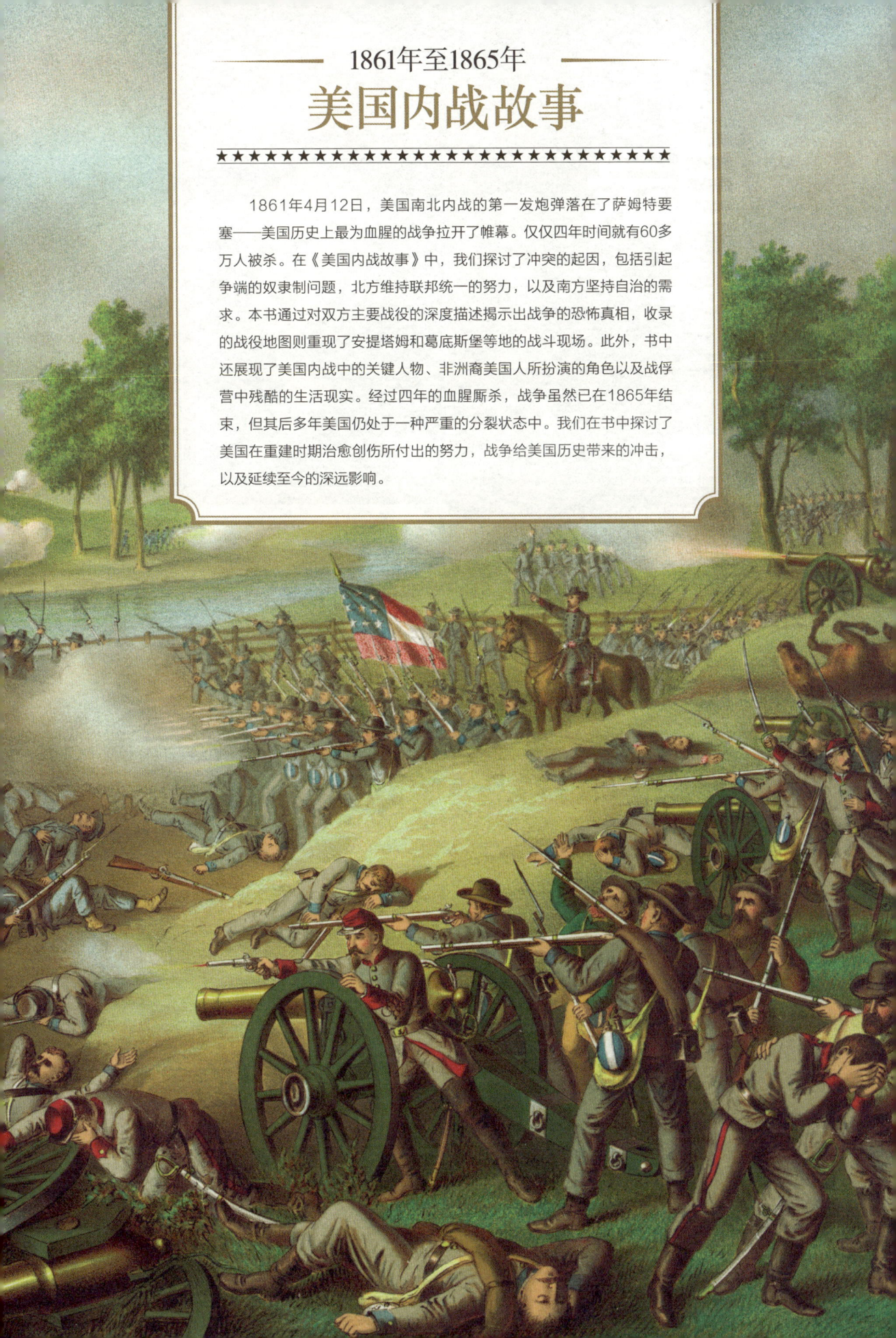

# 1861年至1865年
# 美国内战故事

1861年4月12日,美国南北内战的第一发炮弹落在了萨姆特要塞——美国历史上最为血腥的战争拉开了帷幕。仅仅四年时间就有60多万人被杀。在《美国内战故事》中,我们探讨了冲突的起因,包括引起争端的奴隶制问题,北方维持联邦统一的努力,以及南方坚持自治的需求。本书通过对双方主要战役的深度描述揭示出战争的恐怖真相,收录的战役地图则重现了安提塔姆和葛底斯堡等地的战斗现场。此外,书中还展现了美国内战中的关键人物、非洲裔美国人所扮演的角色以及战俘营中残酷的生活现实。经过四年的血腥厮杀,战争虽然已在1865年结束,但其后多年美国仍处于一种严重的分裂状态中。我们在书中探讨了美国在重建时期治愈创伤所付出的努力,战争给美国历史带来的冲击,以及延续至今的深远影响。

# 目录

6　　美国内战年表

## 内战前的美国

14　　美国的诞生
19　　美国独立
26　　危如累卵的联邦
35　　苦难浇筑的希望之国
40　　美国废奴运动
45　　1860 年的总统选举

## 战火中的国家

52　　政局密云 1861—1862
54　　首袭萨姆特要塞
61　　南军与北军
66　　联邦军队的杰出将领
69　　南方邦联军队的杰出将领
72　　第一次布尔溪战役
77　　取胜之道
86　　非洲裔美国人和内战
92　　新奥尔良战役

| | |
|---|---|
| 106 | 最血腥的一天 |
| 116 | 政局密云 1863—1864 |
| 118 | 自由的新生 |
| 122 | 罗伯特·E. 李时乖运蹇的北进 |
| 129 | 葛底斯堡战役 |
| 132 | 内战使用的武器 |
| 136 | 林肯的全面战争 |
| 147 | 囚禁中的生与死 |
| 153 | 向海洋挺进 |
| 162 | 政局密云：1865 |
| 165 | 邦联的末日 |
| 170 | 阿波马托克斯的终结之战 |
| 180 | 亚伯拉罕·林肯遇刺 |

## 重建和跨越

| | |
|---|---|
| 186 | 胜利之后的败局 |
| 192 | 重建中的家园 |
| 201 | 联邦的现状 |
| 206 | 如果蓄奴州赢了…… |

# 美国内战年表

四年艰难困苦的战争造成了惊人的损失，内战的恶果至今仍难以估量。

作者：迈克·哈斯丘

### 萨姆特要塞首遇攻击

凌晨 4 点 30 分，查尔斯顿港码头外约一英里（约 1.60 千米）的沙洲上的萨姆特要塞遭到南方邦联数个炮兵阵地的炮击。因要求联邦军退出堡垒多次被拒绝，南方邦联的 PGT 博雷加德将军下令开始长达 34 小时的炮击。第二天，联邦守备队的罗伯特·安德森少校率队投降，并被南方宣布为英雄。南北内战爆发的第一枪让南北两方的美国人都颤栗不已。

**1860 年 12 月 20 日**

### 南卡罗来纳州脱离联邦

受共和党人亚伯拉罕·林肯当选美国第十六任总统影响，南卡罗来纳州议会在哥伦比亚市以 169 比 0 的投票结果，一致同意退出联邦。随即南卡罗来纳在查尔斯顿宣布正式脱离联邦。作为第一个脱离联邦的南方蓄奴州，南卡罗来纳被称为"分裂之母"。最终另有十个南方蓄奴州脱离联邦，包括北卡罗来纳州、佛罗里达州、佐治亚州、亚拉巴马州、路易斯安那州、密西西比州、阿肯色州、得克萨斯州、弗吉尼亚州和田纳西州，它们共同成立美利坚联盟国。位于两方边境的马里兰州、肯塔基州和密苏里州仍然是联邦的一部分。

### 第一次布尔溪战役

美国内战爆发的第一次大型战役，也被称为第一次马纳萨斯战役。联邦军队在胜利触手可及的情况下功败垂成。大多数时间双方攻守场面一团混乱。邦联军坚守在亨利蒙斯山的托马斯·J. 杰克逊将军用硬仗为自己赢得"石墙"的绰号，他利用联邦军队的迟缓拖沓，给叛军的增援部队乘火车到达战场争取到了时间，从而最终扭转了战局。联邦军队在向华盛顿特区后撤时，造成很大恐慌，许多政府人员和平民前往首都以西的战场见证了这场战斗，撤退变得溃不成军。

▲ 南卡罗来纳州的分离主义者在查尔斯顿举行支持脱离联邦的游行

▼ "莫尼特"号和"弗吉尼亚"号在汉普顿锚地近距离交火

## 汉普顿锚地海战

1862年3月9日,世界上首次铁甲战舰之间的对决爆发了。联邦"莫尼特"号和邦联"弗吉尼亚"号用火炮近距离互相轰击后打成平手。3月8日,"弗吉尼亚"号驶出伊丽莎白河后,就击沉了联邦护卫舰"国会"号和"坎伯兰"号,对方炮弹在它厚厚的铁甲上弹跳,却没有造成什么损伤。"弗吉尼亚"号趁着退潮退出了战场。此战充分证明木制战船已过时,迫使全球海军走向现代化发展之路。

▲ 在引发内战的炮轰中,萨姆特要塞被浓烟和火焰吞没

### 七天战役
1862年6月25日至7月1日
里士满邻近地区
弗吉尼亚州

### 第二次布尔溪战役
1862年8月28日—30日
第一次布尔溪战役的旧址
弗吉尼亚州马纳萨斯附近

### 亨利要塞和多纳尔森要塞的陷落
1862年2月6—16日
坎伯兰和田纳西河
田纳西州

▼ 第一次布尔溪战役中联邦士兵和邦联士兵交战场面,库尔茨和艾莉森绘

## 夏洛战役

西部战场早期爆发的大型战役,邦联将军艾伯特·西德尼·约翰斯顿计划率领密西西比军团对联邦尤利西斯·S.格兰特将军的田纳西军团发动突然袭击。邦联军队发起的猛攻迫使联邦军队退向田纳西河的匹兹堡码头。然而因为约翰斯顿阵亡,PGT博雷加德将军接过邦联军队指挥权,夜幕降临后他下令停止追击联邦军队。联邦方面得到喘息之机,格兰特在获得自己一个师和俄亥俄军团三个师的增援后,于第二天发动反击并夺回了失去的全部阵地。双方在此战役中总伤亡人数接近2.4万人。

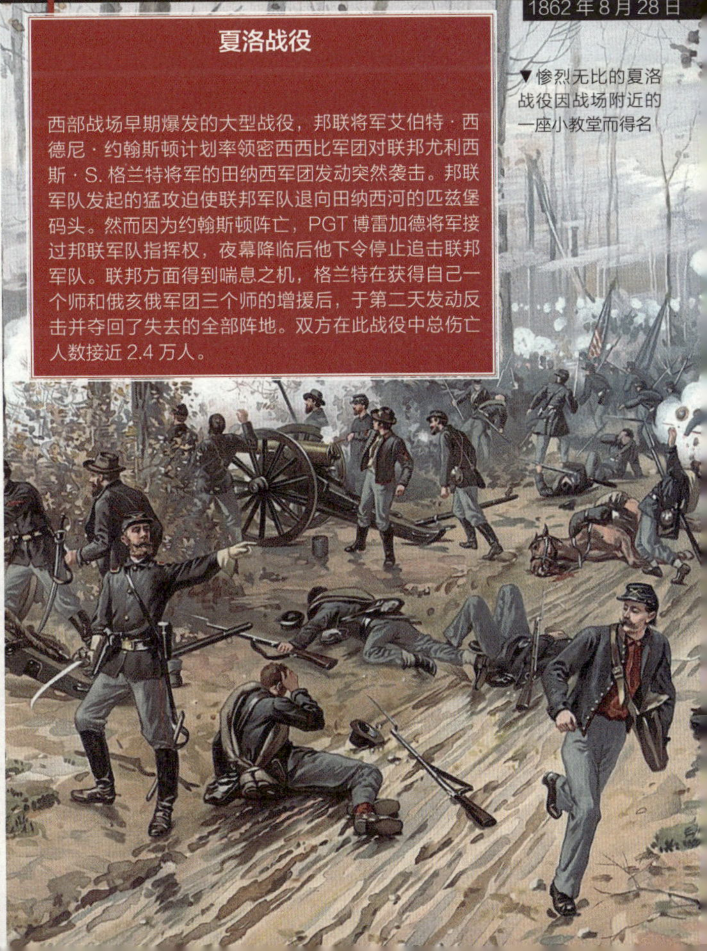

1862年8月28日
▼ 惨烈无比的夏洛战役因战场附近的一座小教堂而得名

### 安提塔姆战役

罗伯特·E.李将军对北方的第一次入侵,终止在马里兰州西部的安提塔姆溪岸边。这是美国历史上伤亡最惨重的一天。邦联李将军的北弗吉尼亚军团与联邦乔治·B.麦克莱伦将军的波托马克军团在战术方面打成了平手,但联邦获得了战略优势。邦联无力继续进攻,退回到波托马克河对岸。麦克莱伦则因未能占据实质上的优势而遭受批评。亚伯拉罕·林肯总统此战后签署了《解放黑人奴隶宣言》。

### 葛底斯堡战役

邦联北弗吉尼亚军团与乔治·米德将军指挥的联邦波托马克军团激战三天后被迫撤退。罗伯特·E.李第二次入侵北方的计划再次受挫。这是决定内战走向的一次关键战役。李将军在第一天的战斗中离胜利只有一步之遥。第二天,7月2日,他在寇普岭和小圆顶对联邦军侧翼发起进攻,但又无功而返。第三天,惨烈的皮克特冲锋也在联邦军中央阵地前被击退。

▲ 安提塔姆战役中,联邦和邦联军队争夺伯恩塞德桥控制权

### 弗雷德里克斯堡战役
1862 年 12 月 13 日
弗吉尼亚州弗雷德里克斯堡

▲ 1863 年 7 月 3 日,联邦军队在葛底斯堡反攻,击退皮克特冲锋

1862 年 9 月 17 日

▼ 在钱斯勒斯维尔遭受友军的严重误伤后,"石墙"杰克逊在马鞍上摇摇欲坠

### 林肯发布《解放黑人奴隶宣言》
1863 年 1 月 1 日
华盛顿特区

### 钱斯勒斯维尔战役

罗伯特·E.李在此战中获得了内战最辉煌的胜利。邦联北弗吉尼亚军团在他指挥下分兵两路,以少打多,同时迎战兵力占优的联邦军队。他调遣"石墙"托马斯·J.杰克逊将军从侧翼进攻联邦约瑟夫·胡克将军的波托马克军团。勇猛的杰克逊打得联邦第十一军溃不成军,胡克率军退回到拉帕汉诺克河对岸。自弗吉尼亚弗雷德里克斯堡出发的联邦军队第二轮攻势随即也被李将军挡住。不幸的是,杰克逊5月2日遭到友军的严重误伤,几天后去世。

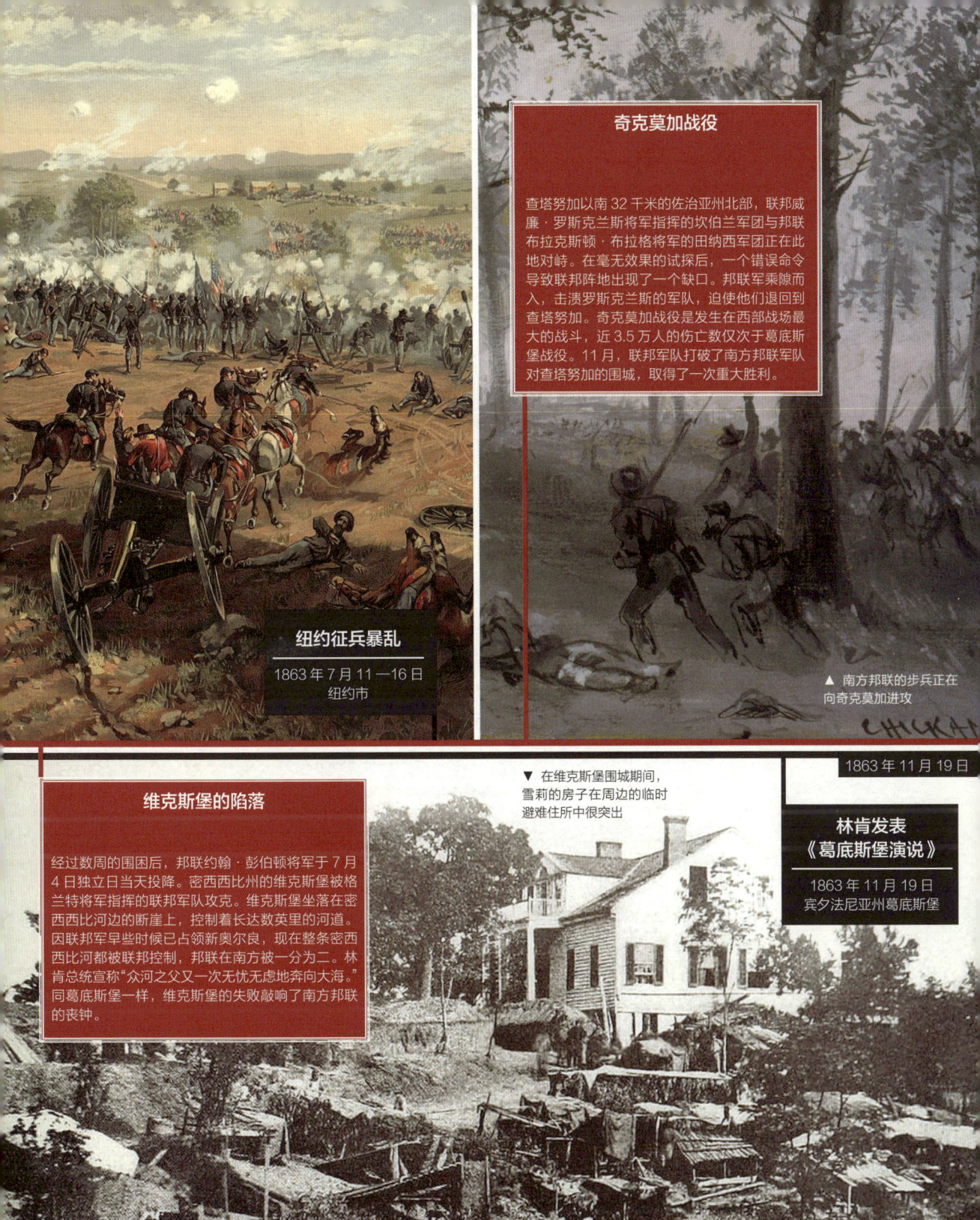

## 奇克莫加战役

查塔努加以南 32 千米的佐治亚州北部,联邦威廉·罗斯克兰斯将军指挥的坎伯兰军团与邦联布拉克斯顿·布拉格将军的田纳西军团正在此地对峙。在毫无效果的试探后,一个错误命令导致联邦阵地出现了一个缺口。邦联军乘隙而入,击溃罗斯克兰斯的军队,迫使他们退回到查塔努加。奇克莫加战役是发生在西部战场最大的战斗,近 3.5 万人的伤亡数仅次于葛底斯堡战役。11 月,联邦军队打破了南方邦联军队对查塔努加的围城,取得了一次重大胜利。

### 纽约征兵暴乱
1863 年 7 月 11 —16 日
纽约市

▲ 南方邦联的步兵正在向奇克莫加进攻

1863 年 11 月 19 日

## 林肯发表《葛底斯堡演说》
1863 年 11 月 19 日
宾夕法尼亚州葛底斯堡

## 维克斯堡的陷落

经过数周的围困后,邦联约翰·彭伯顿将军于 7 月 4 日独立日当天投降。密西西比州的维克斯堡被格兰特将军指挥的联邦军队攻克。维克斯堡坐落在密西西比河边的断崖上,控制着长达数英里的河道。因联邦军早些时候已占领新奥尔良,现在整条密西西比河都被联邦控制,邦联在南方被一分为二。林肯总统宣称"众河之父又一次无忧无虑地奔向大海。"同葛底斯堡一样,维克斯堡的失败敲响了南方邦联的丧钟。

▼ 在维克斯堡围城期间,雪莉的房子在周边的临时避难住所中很突出

▼ 在冷港战役几个月后，工作人员在收集阵亡士兵的遗体

### 亚伯拉罕·林肯的总统就职典礼
1865年3月4日
华盛顿特区

### 陆上战役

1864年春，尤利西斯·S.格兰特将军被任命为联邦军队的总司令。他策划发动对邦联罗伯特·E.李将军以及北弗吉尼亚军团的机动战和消耗战。虽然联邦军队在莽原、斯波齐尔韦尼亚和冷港的战役中伤亡惨重，但邦联军队也同样遭受了数以千计的伤亡。然而李在其他方面遭受的损失远甚于此。格兰特利用对手日益捉襟见肘的资源，成功威胁到连接南方的重要铁路枢纽彼得斯堡，接踵而至的是对其长达10个月的围困，并最终促使联邦获得内战的胜利。

### 里士满的陷落

联邦格兰特将军在发动对彼得斯堡的最后攻势中，取得了五岔口战役的胜利。邦联罗伯特·E.李将军的防线全面崩溃。联邦军队切断了彼得斯堡从里士满到南方的铁路要道，这些要道对南方邦联首都补给的获得至关重要。里士满市至此已无法坚守，杰斐逊·戴维斯总统和政府人员乘列车逃向弗吉尼亚州的丹维尔市，残余的守备部队也已撤空。联邦军队进入城市开始恢复秩序，扑灭焚烧着整个城市的大火。第二天亚伯拉罕·林肯总统到访里士满。

### 亚特兰大的陷落
1864年9月2日
佐治亚州亚特兰大

### 谢尔曼的向海洋挺进

联邦西部战场司令官威廉·T.谢尔曼将军通过田纳西州查塔努加市后，于1864年9月2日攻克亚特兰大，结束了代价高昂的亚特兰大战役。两周后，他发动著名的"向海洋挺进"计划，大肆破坏乡镇，横扫出一片广阔的空白地带，于12月占领佐治亚州萨凡纳港。随后他又向北进入卡罗来纳州，追击邦联约瑟夫·约翰斯顿将军麾下的田纳西军团。

▼ 联邦军队在向海洋挺进的过程中破坏铁轨，造成严重破坏

▼ 里士满被收复后，联邦士兵正在检查一些被破坏的地方

▼ 1865年4月14日，约翰·威尔克斯·布斯向林肯总统射出致命的一枪

## 林肯总统遇刺

亚伯拉罕·林肯总统在首都华盛顿福特剧院观看戏剧《我们的美国表兄弟》时被人枪击射中头部，惨遭暗杀。凶手是南方政权的支持者、一直心怀不满的演员约翰·威尔克斯·布斯。林肯被转移到街对面的一家公寓抢救，但第二天早上7点22分在那里去世。一名陪同总统和第一夫人玛丽·托德·林肯的年轻军官被布斯持刀砍伤，凶手从总统包厢跳下舞台顺利逃跑，但几天后死于追捕行动。此案的同谋犯还企图暗杀其他政府官员。

**约翰斯顿向谢尔曼投降**
1865年4月26日
北卡罗来纳州贝内特广场

**刺杀林肯案的同谋被绞死**
1865年7月7日
华盛顿特区

**安德森维尔监狱的监狱长亨利·维尔茨被绞死**
1865年11月10日
华盛顿特区

1866年8月20日

## 阿波马托克斯投降

在经过一场劳而无功的抢夺补给行动失败，又与约瑟夫·约翰斯顿将军的邦联军队在北卡罗来纳会合无望后，罗伯特·E.李将军在弗吉尼亚州阿波马托克斯威尔默·麦克莱恩的家中代表北弗吉尼亚军团向联邦投降。接受他投降的是联邦军总司令尤利西斯·S.格兰特将军。格兰特提出了宽宏大量的条件。李将军拒绝了军内继续抵抗的呼吁，接受了联邦的投降条件。尽管其他地方还有零星的反叛，但这一事件通常被认为是联邦取得内战胜利的巅峰。

**南方邦联总统杰斐逊·戴维斯被俘**
1865年5月10日
佐治亚州欧文维尔

**约翰逊总统宣布叛乱平息**
1866年8月20日
华盛顿特区

▲ 格兰特和李在阿波马托克斯达成投降协议

# 内战前的美国

- 14 美国的诞生
- 19 美国独立
- 26 危如累卵的联邦
- 35 苦难浇筑的希望之国
- 40 美国废奴运动
- 45 1860 年的总统选举

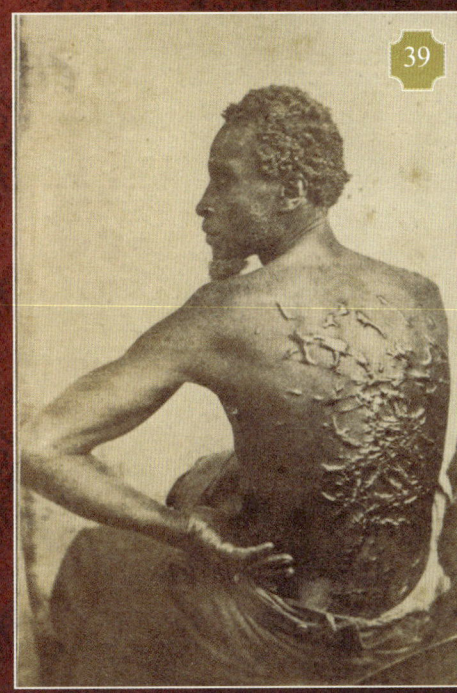

# 美国的诞生

美洲殖民地的建立，促使一个北美洲新国家的诞生。

**作者：马克·德桑蒂斯**

1607年，英国人在弗吉尼亚州的詹姆斯敦成功建起新大陆的第一个殖民地。十几年后的1620年，清教徒开始会聚到马萨诸塞州的普利茅斯定居。从不列颠群岛各个地方源源而来的移民将英属北美洲地区变成了一个多样的社会群体。新英格兰地区以清教徒为主，而来自英格兰南部的骑士贵族则统治着弗吉尼亚州广阔的泰德沃特地区。

13个殖民地的大部分居民都是经过四次大迁徙从英国和爱尔兰的不同地区迁移过来的。最早的大规模移民来自17世纪上半叶的东盎格鲁清教徒。第二批移民来自英国南部的保皇党，他们于1642年到1675年带着自己的仆役，乘船到了弗吉尼亚。第三批大规模的移民潮从1675年起持续了50年，这批移民自北米德兰群岛前往特拉华山谷。四次大迁移的最后一次移民潮贯穿了整个18世纪，来自英国北部和北爱尔兰的人们迁往了偏僻的英属殖民地阿巴拉契亚。

大多数移民用英语交流，并信仰新教。但他们在风俗习惯、方言、宗教观和世界观上也有许多不同，而这些区别都可以追溯到他们生活在英国的根源。这四个不同的移民团体都保持着他们多样但牢固的英国自由传统，当英王室对这些传统权利漠视不理时，他们会不惜为此与王室统治者对抗。

除了这四个主要移民群体外，美洲殖民地还接纳了一些小规模的移民，如马里兰州的主要居民是英国天主教徒，而贵格会教徒则在宾夕法尼亚州创下家业。纽约还是荷兰殖民地的时候，它被称为新阿姆斯特丹，那时候就有大量的荷兰人在那里定居。北卡罗来纳的边远地区更是从18世纪早期就见证了苏格兰高地人的大量涌入。尽管苏格兰高地人在自己的国家给王室及政府制造了很多麻烦，但在独立战争时期，他们大体上还是

▲ 詹姆斯·沃尔夫将军阵亡于魁北克城外亚伯拉罕平原战役

忠于英王室。此外，各个殖民地也都有大量的德国移民。

美洲殖民地被卷入了英国与其欧洲对手之间的权力纷争，其中最主要的是1756—1763年的法国与印第安人战争，这是美国人所熟知的"七年战争"。具有讽刺意味的是，英国在法印战争中取得了压倒性的胜利，他们见证了法国人被驱离北美。但这一结果也预示着英国对北美殖民地相对平和统治时期的结束。

为了保卫自己在新大陆的利益，英国不得不在殖民地长期驻扎一支庞大的军队。但表面上是来保护殖民地的着红色军服的英军却让许多殖民者感到失望。一些士兵需要住在平民家中，这对殖民地居民而言，是一个不受欢迎且沉重的负担。

此外，1760年发生的一起美洲土著部落暴

▲ 与沃尔夫将军对阵的法军将领蒙特卡姆侯爵，也阵亡于亚伯拉罕平原战役

乱，造成了严重后果，导致许多定居者被迫从正开发的边缘地带返回。这也动摇了英国人的统治信心。为了安抚印第安人，乔治三世国王颁布一项法令，禁止移民跨越阿巴拉契亚山脉去建立新的定居点。这个法令限制白人定居者靠近海岸线，理由是这样就会减少与印第安人的摩擦。然而，许多殖民者对这种限制深感不满。

伦敦议会颁发的其他法令也激怒了美州殖民者。1765年的《印花税法案》规定所有的官方文件都要纳税后才具有合法性。实施新法令，是让殖民者为享受保护而付出代价的一种手段，但遭到了美洲居民的强烈抗议。对于多数殖民者来说，这意味着无法维护他们自己的权益。因为政府如果未经同意就向他们征税，意味着他们在

**不满的美洲居民和一个不体谅的政府之间的敌意只会愈演愈烈。**

## 法国和印第安人的战争

英国把法国势力赶出北美，成为欧洲大陆的主要强国。

在美国，法国与印第安人的战争也被称为七年战争。英国和法国在北美的利益之争在于都声称对内陆的西部土地拥有主权。18世纪中期，英国殖民者已经深入俄亥俄河谷，抵达密西西比河岸。

为了保护法属加拿大到路易斯安那州（远在墨西哥湾以南）的航线，法国人在普雷斯克岛、鲁耶、迪克纳和勒博夫建造了一些要塞，这也是为了阻止英国人继续西进的手段。未来的美国总统乔治·华盛顿于1754年被派去迪克纳要塞附近，带领弗吉尼亚殖民地军队建造尼塞西蒂堡。华盛顿和他的士兵因为行动受挫，被迫向法国人投降。很多战斗在围绕着控制这些未开垦荒野深处的堡垒打响。1755年，英国将军爱德华·布拉多克率军进攻迪克纳要塞，但7月9日在莫农格希拉河发生的战斗中战败。在纽约北部的战斗中，法国于1756年、1757年分别攻占了奥斯威戈要塞和威廉·亨利要塞。而英国1758年7月攻克卢斯要塞，1758年11月攻下迪克纳要塞，次年7月，又占领了泰孔德罗加和尼亚加拉。

1759年9月13日，英国人进攻魁北克。在城外的亚伯拉罕平原战斗中，詹姆斯·沃尔夫将军指挥英国军队击败了路易斯-约瑟夫·德蒙特卡姆将军领导的法国军队。不久之后，整个加拿大落入英国人之手。1763年签署《巴黎条约》，正式承认英国在佛罗里达和从前法国所有区直至密西西比河以东地区的控制权，英国成为欧洲在北美的主要控制国。

▲ 1754年，年轻的乔治·华盛顿带领弗吉尼亚殖民地军队西进，要求法国人从占据的弗吉尼亚州土地撤离

▲ 亚伯拉罕平原战役之前，英国人在魁北克城外登陆

政府中没有发言权。不满的美洲居民和一个不体谅的政府之间的敌意只会愈演愈烈。1770年3月，一队英军在波士顿枪杀了四名美洲居民，这就是后来众所周知的"波士顿惨案"（Boston Massacre），突显出英国与其美洲民众间存在的隔阂。

为了抗议一项极度不得民心的茶叶税，一群殖民者于1773年12月打扮成印第安人将东印度公司的茶叶倾倒进波士顿港。而1774年通过的《魁北克法案》则在法律上给予了加拿大的法国天主教徒平等地位，并对罗马天主教予以宽容对待。该法案还扩大了魁北克的领土，纳入了那些位于殖民地西部的土地。殖民者被禁止去此地定居。这些裁决激怒了极端反天主教的美州殖民者，他们害怕在北美大陆出现"教皇制"。

同样在1774年，英国议会宣布了对马萨诸塞州的《强制法令》，其中包括关闭波士顿的港口贸易。其他殖民地虽然对作为母国的英国的态度大不相同，但这次都团结到遭受重创的新英格兰殖民地周围。几年来，反对王室统治的浪潮越来越强大，许多殖民者通过成立通信委员会来捍卫殖民地的权利。《强制法令》并没有在平息抗争方面起到任何作用，反而加剧了人们对独立的渴求。1774年9月，殖民地代表在费城召开第一次大陆会议，决定对自英国进口的货物实行贸易禁运。

英国王室与其不满意的美洲臣民之间的矛盾已不可调和。第二年，也就是1775年4月19日，美国独立战争的第一枪在马萨诸塞州的莱克星顿和康科德打响。5月在费城召开了第二届大陆会议。在其他值得注意的行动中，乔治·华盛顿于1775年6月被任命为大陆军总司令，被赋予保卫"美洲自由"的任务。美国独立战争拉开帷幕，殖民地坚定地走上了独立的道路。

▲ 乔治·华盛顿,美国独立战争期间任大陆军总司令,后当选美国第一任总统

# 美国独立

经历一场漫长而代价高昂的战争后，美国终于赢得国家独立，
然而悬而未决的奴隶制度又让北方与南方彼此相争。

**作者：马克·德桑蒂斯**

美国独立战争的爆发是英国与美洲殖民地居民长期疏离的结果。对许多美洲居民而言，英国国王乔治三世没有尊重他们身为英国人的权利是问题症结所在。专横跋扈的王室大臣们，违背传统权利，在议会没有殖民地代表的情况下就对殖民地征税，是非常不得民心的行为。

然而从王室和众多其他英国人的角度来看，王室要求殖民地居民支付用于他们自身的防卫费用是公平合理的要求。在18世纪60年代到70年代的早期，王室和殖民地臣民之间的纽带还没有出现彻底断裂的迹象前，英国作为宗主国，英国人还是大多数殖民地移民的主要来源。

其中，最重要的是像本杰明·富兰克林和乔治·华盛顿这样的人。富兰克林是费城的博学家和发明家，当殖民地滑向公开反抗时，他一直试图让王室大臣们理解美洲人的观点，但他的努力徒劳无功。乔治·华盛顿是弗吉尼亚州一位富有的种植园主，独立战争爆发的20多年前，他曾与英国正规军并肩作战对抗法国。他甚至渴望成为英国军队的正式军官，但作为一个纯正的殖民地居民，他被拒绝了。

随着华盛顿这类人最终加入革命阵营，美洲殖民者对英国的失望情绪更鲜明地体现出来。当时很多因素都助长了这种对立情绪的发展，伦敦强加的税收引来美洲居民抗议，又导致英国更严厉的回应。这使得美洲居民愈加失望，政府的回应愈加严厉。

到1775年时，经过一系列的事件激发，包括停止波士顿的港口贸易，殖民地已经成为一个一触即发的火药桶，只要一点火花就将引爆一场全面战争。

▲ 1781年，美军在约克镇战役中攻占10号堡垒

## 独立战争的起始

1775年4月19日，美国民兵在马萨诸塞州莱克星顿和康科德与英军爆发枪战，战火自此点燃。纵使武装对抗已正式开始，但距离宣布真正的独立尚需时日。与此同时，乔治·华盛顿被任命为大陆军总司令。这是第一届大陆会议为保卫殖民地免受英国侵扰而建立的武装力量。

华盛顿加入后，丰富的军事经验使他毫无异议地成为总司令人选。他从数百英里外的泰孔德罗加堡搬来大炮，将英军包围在波士顿，并迫使英军最终撤离这座城市，取得初战告捷。

虽然波士顿落入"爱国者"（反叛者的自称）手中，但纽约市于1776年7月被英国人占领。华盛顿随后惨败于长岛战役，被英军一路驱赶到宾夕法尼亚州。他那支衣衫褴褛的部队在福吉谷挨过了一个寒冷的冬季。1776年圣诞

▼ 本杰明·富兰克林是美国独立战争的领袖之一，曾担任战时美国驻法国大使

▲ 1777年，约翰·伯戈因将军于萨拉托加战役后率英军投降。这场战役使"爱国者"同法国走到一起，并结为盟友

节早晨，华盛顿果敢地渡过特拉华河，突袭特伦顿的黑森驻军，并取得令人惊喜的战果。当然，爱国者军队也有遭受挫折的时候，1775年年底征服加拿大的企图就惨遭失败，华盛顿本人也在1776年10月的怀特普莱恩斯战役中败北。

职业军人冯·斯图本男爵加入大陆军成为一个亮点。他引进现代欧洲军事操典和战术，并指导训练出一支正规军队。公众普遍以为美洲人会以英国人的方式打仗，他们会排成一条细长的队形，第一排的士兵先射击，然后退到后面重新装弹，等待再次开火，但事实截然相反。

大陆军在特伦顿取得胜利后，1777年1月在普林斯顿又取得胜利。这是战争的关键一年，反抗的殖民者一直努力希望获得欧洲其他政权的承认，但这些政权的退缩，让殖民者看不到成功的机会。

▼ 过于自信的约翰·伯戈因将军在萨拉托加战役中战败

**公众普遍认为美国人会以英国人的方式打仗……但事实截然相反。**

## 萨拉托加

萨拉托加战役改变了形势。英国将军约翰·伯戈因爵士制订了分三个方向进攻的计划，意欲切断新英格兰地区与其他殖民地的联系。他亲自率一支军队从加拿大向南，占领泰孔德罗加要塞后再去占领奥尔巴尼。与此同时，巴里·圣·莱杰上校的部队将沿莫霍克河谷向南推进，而威廉·豪将向北进军到奥尔巴尼与伯戈因会合。

但从伯戈因开始他的南下之旅起，他的计划就出了问题。英军在纽约北部荒野地区的行动极其困难，伯戈因所指望的在该地拥护他的亲英分子也从未出现。他虽然在1777年7月占领泰孔德罗加要塞，但圣·莱杰的军队于8月在奥里斯卡尼战役中受阻。同时，威廉·豪并没有向北去支援伯戈因，而是转去了费城。他于9月11日在布兰迪万战胜了华盛顿，但后撤的华盛顿的军队仍保存了实力。威廉·豪于9月26日拿下费城，10月4日在日耳曼敦再次击败华盛顿。但这时伯戈因已经陷入困境。亨利·克林顿将军接替威廉·豪将军在纽约继续作战，威廉·豪将军开始向哈得孙河上游推进，但只攻下了两座堡垒。经过极其缓慢的行军跋涉后，伯戈因在纽约萨拉托加附近的比米斯高地碰到了霍拉肖·盖茨将军的大陆军，美洲人已先占据了有利地形。

9月19日在弗里曼农场爆发的战斗中，伯戈因守住了阵地，但美洲人也给他造成了严重损失。由于补给日益不足，伯戈因于10月7日向比米斯高地坚不可摧的美洲人阵地发起进攻，但被打了回去。不久后，伯戈因全军无奈之下缴械投降。

萨拉托加大捷，使法国人确信美洲殖民地独立对其是件有利的事，于是双方在1778年缔结了正式的联盟。而法国以及西班牙的干预，影响了英国的战争局势，使它的北美殖民地和极其宝贵的加勒比产糖岛一起处在了危险的境地。

▲ 英王乔治三世，统治美洲的最后一位英王

# 美国第一次内战

美国独立战争期间,爱国者和效忠派围绕是否继续作为英帝国的一部分进行了激烈的斗争,为内战埋下了伏笔。

虽然今天很少有人提及美国独立战争,但它既是美国人和英国人之间的战争,也是美国人和美国人之间的内战。虽然支持独立的"爱国者"人数压倒了希望继续留在英帝国的人数,即所谓的忠诚者和托利党人,但这两种人都不能代表殖民地民众中的大多数,其中有相当一部分人对独立和王权怀有矛盾的感情。

然而,爱国者控制了这个国家大部分地区。几乎没有什么地方是效忠派能占多数的,纽约市是为数不多的一个地方。纽约在1776年年中被占领后,成了逃避暴力和压迫的效忠派的避难所。就像近一个世纪后的美国内战一样,独立战争使兄弟反目,父子成仇。本杰明·富兰克林是革命领袖之一,但他的儿子威廉依然对乔治三世忠心耿耿。父亲和儿子之间的决裂不可弥合。

在英国军队中服役的有大量效忠于英国国王的美国人。1780年的国王山战役中,两方参与者,不论是爱国者还是效忠派,事实上都是美国人。但唯一例外的是只有效忠派军队的指挥官是英国人。爱国者的军队打赢了战役,这场战役只不过是政治观点背道而驰的美国人之间爆发更大冲突的缩影。

尽管英勇无畏,效忠派还是无法使战争向有利于英国的方向发展。他们相对于其他美国人量小力微。而独立的渴望在他们的同胞心中燃烧得太强烈,让他们无法再重新效忠于国王。战后,许多效忠派流亡到英帝国的其他地方。

▲ 威廉·富兰克林是爱国领袖本杰明·富兰克林的儿子,在美国独立战争期间,他违抗父亲的命令,一直效忠于英王

## 南方战争

英国制定"南方战略"作为应对,它把军事力量集中到具有更好取胜条件和前景的南方殖民地。英军1778年占领了佐治亚州的萨凡纳,1780年通过两栖作战攻占了南卡罗来纳的查尔斯顿。但英国将南方变成效忠派天下的期待也成为泡影。相反,南方变成了极端分裂主义爱国者同效忠派之间交锋的战场,他们之间的冲突已有诸多内战的特征。

英军于1780年8月和1781年3月接连在卡姆登和吉尔福德县府打了胜仗。但是英军在南方的指挥官康沃利斯勋爵没能在南卡罗来纳取得什么实质性的进展。随后他又向北撤往弗吉尼亚,

**就像近一个世纪后的美国内战一样,独立战争使兄弟反目,父子成仇。**

▲ 1815年的新奥尔良之战是美国的一次重大胜利，它是在结束战争的《巴黎条约》在欧洲签署之后才打响的

期待能大胜一场。事实证明这种期盼同在南方其他地方的结果一样，都不合乎现实。康沃利斯被围困在弗吉尼亚的约克镇，而皇家海军在切萨皮克战役中被法国舰队击败，无法前去实施营救。华盛顿率部与法国盟友在约克镇周围建造起大量的围城工事，康沃利斯无路可逃，于1781年10月19日带领部下投降。1783年美英双方在巴黎以对等国家身份签订《巴黎条约》，正式宣告和平。

## 战后的美国

美国国内政治存在先天不足，凭借《邦联条例》并不能造就一个强有力的中央政府，而强有力的中央政府被认为是国家提高实力的必备条件。1787年，各州代表齐聚费城召开制宪会议，起草新宪法。新产生的《美国宪法》赋予国家建设一个更强大政府的权力，立法、行政和司法三权分立制度延续至今。根据新宪法选举出的美国第一任总统乔治·华盛顿名副其实。但新生的国家还面临着来自海外的严峻挑战，美国还是寰球政权中的一个小国。尽管英国在1783年签署《巴黎条约》时承认美国是一个自由的主权国家，但英国此时还难以真正接受永久失去美洲殖民地的事实。因此，不再将美国人视为英国臣民也同样是一件不容易被英国人接受的事情。拿破仑战争期间，诸如英国海军在公海上拦截美国商船，并强迫其海员加入皇家海军的行为，惹恼了美国人。在同法国的战争中，皇家海军极为迫切需要补充战舰人手，经常"饥不择食"抓美国人

▲ 1787年9月17日，《美国宪法》在费城签署

来充当船员。其中最严重的摩擦是发生在1807年的皇家海军"美洲豹"号战舰向联邦海军"切萨皮克"号军舰开火事件。

英国对欧洲的封锁行动进一步惹怒了美国，这一封锁旨在扼杀拿破仑统治下的欧洲经济。美国支持中立国与任何国家进行贸易的权利。英国的经济措施促使美国向英国宣战。由此引发的1812年战争对美国人而言是涉及民族自豪感和主权的问题。如果英国当时能更体谅美国人的感受，或许就不会爆发战争。

## 1812年战争

1812年战争使英国心烦意乱，它此时正为与拿破仑的战争焦头烂额。1814年拿破仑被流放到厄尔巴岛，英国得以在对美战争中投入更多的资源。英国军队焚毁华盛顿特区后，美国陷入困境。然而英美两方中的任何一方都无法占据上风，于是在1814年末达成和平协议。具有讽刺意味的是，这次战争中规模最大的一场战役——美国人获胜的新奥尔良之战——是在根特签署和平协议之后打响的，而此时消息还没有越过大西洋传递到前线士兵那里。

虽然这场战争对北美版图影响不大，双方都保持着开战前的领土，但美国在结束这场冲突时，却感觉自己第二次从英国统治下获得独立。这时它已准备开始向西部扩张，并最终将美国国旗一路插到了太平洋。然而，奴隶制也随之向西，扩展到新获得的领土上。奴隶制问题将困扰这个国家几十年，直到1861年4月爆发激烈的内战。

# 危如累卵的联邦

分歧的思想观念、激荡的社会变革和西部扩张交织在一起，把一个国家拽入19世纪最血腥的战争的深渊。

作者：威尔·劳伦斯

美国1803年购入路易斯安那州的时候，它在欧洲强国眼中还是小不点。它的人口数量仅与爱尔兰的相当。经过两代人之后，到1860年美国以近3200万人口超过英国，成为西方世界中人口第三大国家（仅次于俄国和法国），其中有400万人是奴隶。

随着人口激增，经济开始发生转型。得益于巨量煤炭储备的开采、国家广袤森林的开发，工业化和制造业大幅增长。流淌于新英格兰地区、宾夕法尼亚和纽约的大河上安装了水车。而交通条件的改善——铺设全天候道路，建设运河网络，特别是开通至关重要的铁路——使这个拥有辽阔领土的国家更加紧密地联系在一起。

大城市开始蓬勃发展，例如芝加哥的人口从1840年的5000人增加到1860年的11万人。越来越多的工人从农村搬到城市，他们放弃了仅能维持生计的自给自足的农业，以赚取一份雇佣工资。

由于时代进步，与南方相比，北方的工业化程度越来越高，形成新的经济地理格局。到1850年，北方农民的比例已降至40%以下，而南方的比例还保持在80%以上。如果从密苏里州的圣路易斯、肯塔基州的路易斯维尔和马里兰州的巴尔的摩之间画一条线，那么所有的工业中心都位于北方。

南方城市普遍比北方城市小。新奥尔良市的面积要比其他南方城市大四倍，而亚拉巴马州的蒙哥马利是南方邦联的第一个首都，当时人口只有3.6万人。同时期的圣路易斯和辛辛那提的人口仅超过1.6万人。脱离联邦时，里士满和彼得斯堡的人口加起来还不到6万人，在密西西比河下游和大西洋沿岸之间没有什么大城市。

面对这种严重的分化，南方仍对田园生活甘之如饴，认为这比北方的城市生活更符合开国

▲ 轧棉机在南方各州肥沃的土地上彻底改变了纺织行业

▲ 位于路易斯安那州费里迪的弗罗格莫尔农场，保存完好的奴隶小屋

▲ 这些奴隶属于南卡罗来纳州的詹姆斯·霍普金森,他是一个拥有50多名奴隶的大种植园主

## 由于时代进步,与南方相比,北方的工业化程度越来越高,形成新的经济地理格局。

元勋们的理想。南方的生活还是前一个世纪情况的投影,绝大多数人都是自给自足的农民,即使北方人已经涌入城市,他们还在继续种植玉米、养猪。

随着北方经济超过南方,北方的识字率也超过了南方,差距进一步被拉大。例如,新英格兰地区的识字率高达95%,而南部地区的平均识字率仅为20%。新英格兰四分之三的儿童会入学接受教育。而在南方,这个数字不超过三分之一。

19世纪上半叶,南北之间最显著的差别当然是奴隶制度。它渗透到南方经济和社会生活的各个方面,尽管大种植园并不像人们感性记忆中

▲ "威尔莫特但书"试图在所有意欲加入联邦的新领土上禁止奴隶制

▲ 美国在1846—1847年的墨西哥战争中取得胜利,反而将国家推向内战的边缘

的那么美好。在南方800万总人口中,不到5万人被认为是种植园主,或拥有20多名奴隶的财产所有者。拥有100多名奴隶的种植园主不到3000人,据说只有11个人拥有超过500多名的奴隶。

大多数南方农场只有少数奴隶,或者根本没有奴隶。因此在接踵而来的内战中,形容南方邦联士兵是被卷入一场"富人的战争,穷人的战斗"的措辞屡见不鲜。然而,奴隶主牢牢把持着南方的政治,许多下层阶级的人一边以怨恨和忌妒的目光盯着种植园主,一边依旧梦寐以求谋得这样的地位。在南方,许多人正是凭借使用奴隶而从棉花种植园赚取了巨大的财富。因此要想登上上层社会,就需要添置奴隶。

得益于1793年发明的轧棉机,这一技术革新大大减少了从棉纤维中脱除棉籽所需的人力。这给在更肥沃的南方各州土地上蓬勃发展的工业带来革命性的变化。而欧洲飙升的需求导致了巨大的指数级增长。1790年,美国棉花产量为每年3000捆。1810年,这一数字跃升至17.8万捆;1830年达到73.2万捆,到1860年已增长至450万捆。

在一些地区,特别是南卡罗来纳州和亚拉巴马州,奴隶人数远远超过白人,任何有关解放

▲ 为了追回逃亡的奴隶,南方奴隶主须花费很大工夫,并提供高额悬赏

# 德雷德·斯科特案

最高法院对这一具有里程碑意义案件的裁决将美国的危机推向了暴力的深渊。

▲ 最高法院1857年做出不利于斯科特的判决后,他被卖出。虽然新主人立即释放了他,但他在第二年离世

奴隶德雷德·斯科特和他的主人军医约翰·艾默生发生了法律诉讼。这个拖了11年的案件争议不断加剧,成为一位评论员所说的"美国宪法史上最臭名昭著的案件"。起因是斯科特于1846年为了自己的自由提起诉讼,理由是他的主人在带他回蓄奴州密苏里之前,曾把他带到自由州伊利诺伊州和威斯康星州的军事基地生活了好几年。

这个案子在输与赢之间翻转好几次,可谓美国法律史上推翻次数最多的案子。直到1856年才交由最高法院最终裁决。1857年3月,六名法官(其中五名是南方人)以多数票决定,斯科特的起诉不成立,原因是身为黑人的他不是美国公民,因而在联邦法院没有诉讼权。

暗中支持斯科特的废奴主义者被激怒了。但这个案子还造成了更深远的影响。主审法官接着宣布《密苏里妥协案》违宪,国会没有权力把奴隶排除在任何一个州外,因为奴隶是私人财产。奴隶制现在成了政治上的烫手山芋,北方人和南方人都在谈论脱离联邦。新英格兰地区见证了整个州的分离主义集会。

德雷德·斯科特一案将最高法院——南北双方共同担保人——置于地区冲突之中。在法院的判决重压下,联邦体制更靠近岌岌可危的境地。

的言论都让白人满怀恐惧。他们认为,获得自由的奴隶一定会宣泄他们的野蛮能量。南方人的担忧在1822年成为现实。南卡罗来纳州查尔斯顿的乡镇手艺人、前奴隶丹麦·维西被认为正在谋划一场起义。据一些人所言,参加的奴隶多达9000人。他的"密谋"被出卖,130名黑人被捕,包括维西在内的35人被处以绞刑。

九年后的1831年,纳特·特纳发动反叛,杀死近100名白人。尽管一位历史学家轻描淡写地说这些暴力事件是"鸡毛蒜皮的小事",但这在南方人的心中存在了许久,并投下了长长的阴影。南方白人认为,给黑人戴上镣铐符合所有南方人的利益,且现实中有些人就是这样做的。

事实上,特纳起义之后发生了一件影响更深远的事件。

1832年,在南卡罗来纳州引发"法令废止危机"。起因是如果国会已通过的政策被认为损害了本州的利益,该州将授权州立法机构撤销这些措施。

这场危机最终得以消弭,但它开了联邦主义与国家权力之争的先河。在许多方面,它都可称为1860—1861年国家分裂危机的预演。查尔斯顿,这个南卡罗来纳州最重要的中心城市成为分裂的摇篮,在这打响战争的第一枪,并不显得突兀。

的确,必须指出,分裂主义一直是19世纪上半叶不变的讨论主题,是联邦政府不堪重负的阴影。有关国家团结的任何感觉都很脆弱,正如一位历史学家所说的,"联邦权力在关键环节懦弱无力"。他指出,事实上是州政府把持了维护法律与秩序的权力,而且提高了直接税。

如1820年的《密苏里妥协案》期间,联邦政府就新成立的密苏里州加入联邦的问题展开辩论,从而导致脱离联邦的呼声高涨。南方希望承认它是一个蓄奴州,但北方要求只有缅因州成为一个自由州后才能承认,从而保持国会中蓄奴州和自由州之间的平衡。只有任何一边都不能获得多数票,平衡才能延续。到1847年,美国有14个自由州和14个蓄奴州。

诚如一位著名的历史学家所言,《密苏里妥协案》有害无益,它挑起"南方在国会大厅里的统一行动"。这种"团结"在19世纪40年代更加紧密。特别是在马萨诸塞州和其他八个州通过了《人身自由法》之后。根据该法,州官员不得协助抓捕逃亡的奴隶。

19世纪50年代,随着越来越多的移民跨越大西洋,加入开发中西部农田的本土人行列,美国人口急速增加。也正是在这十年里,奴隶制成为政治讨论的焦点。南方努力游说使奴隶制在新领土上合法化,这样不仅奴隶主可以向定居者出售他们的动产而从中获利,而且一旦新州加入联邦后,还能维持参议院的政治平衡,不会对他们不利。

尽管广袤的西南部还属于墨西哥的主权领

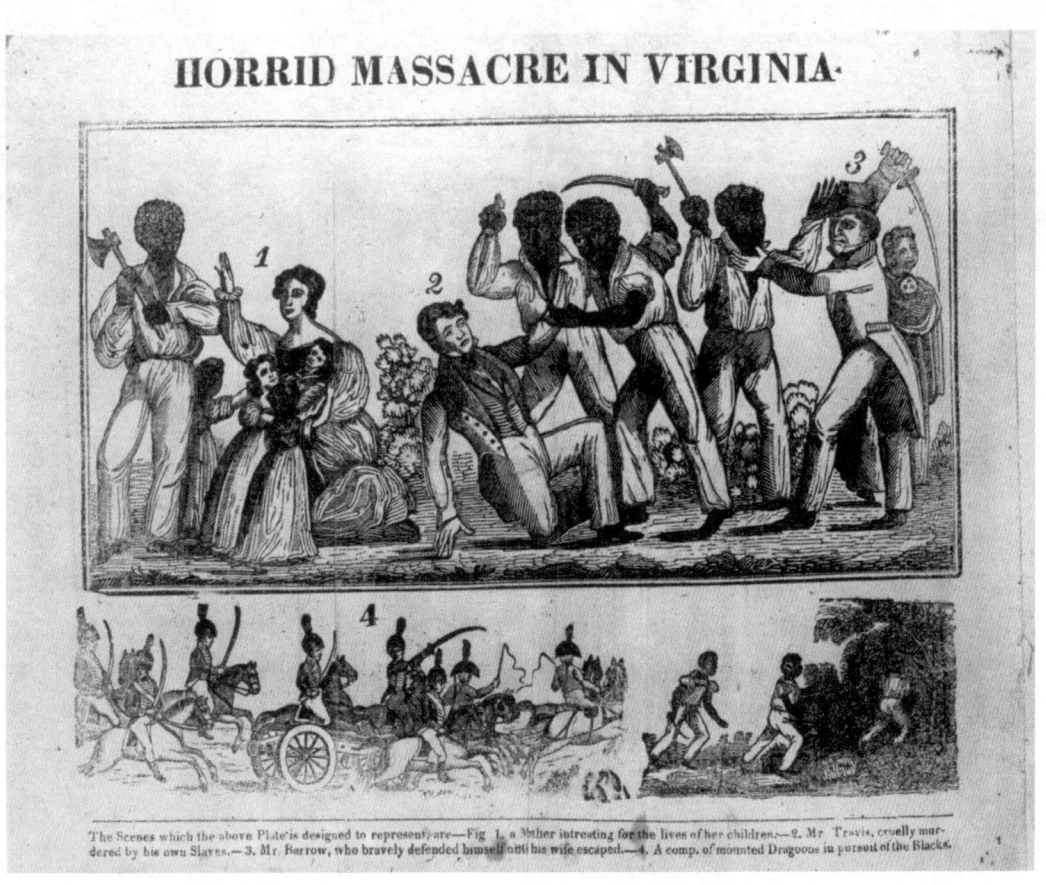

▲ 因为纳特·特纳1831年起义期间犯下的暴力行为,许多南方人认为不能给予奴隶自由

▲ 为了帮助1850年《逃亡奴隶法案》针对的逃亡奴隶，废奴主义领袖哈丽雅特·塔布曼（左）帮助建立了"地下铁路"

土，包括今天的加利福尼亚、得克萨斯、亚利桑那、内华达、犹他和新墨西哥各州，但很快就出现零星的定居地。麻烦出现在1836年得克萨斯的美国人反抗事件，最终引发1846—1847年的墨西哥战争，美国打赢了战争。

美国的胜利直接给了定居者在被征服的土地上成立新州的机会。

甚至在美墨战争结束之前，反对奴隶制的国会议员戴维·威尔莫特就提出了在所有新领土上禁止奴隶制的办法。虽然南方政客们在参议院废除了"威尔莫特但书"，但这个问题在1850年加利福尼亚州请求加入联邦时又一次出现。

西部淘金热使得加利福尼亚州的人口激增。以北方人为主的定居者计划自己耕作土地，强烈反对奴隶制在他们的土地上合法化。加利福尼亚州最终被承认为一个自由州。而允许新墨西哥

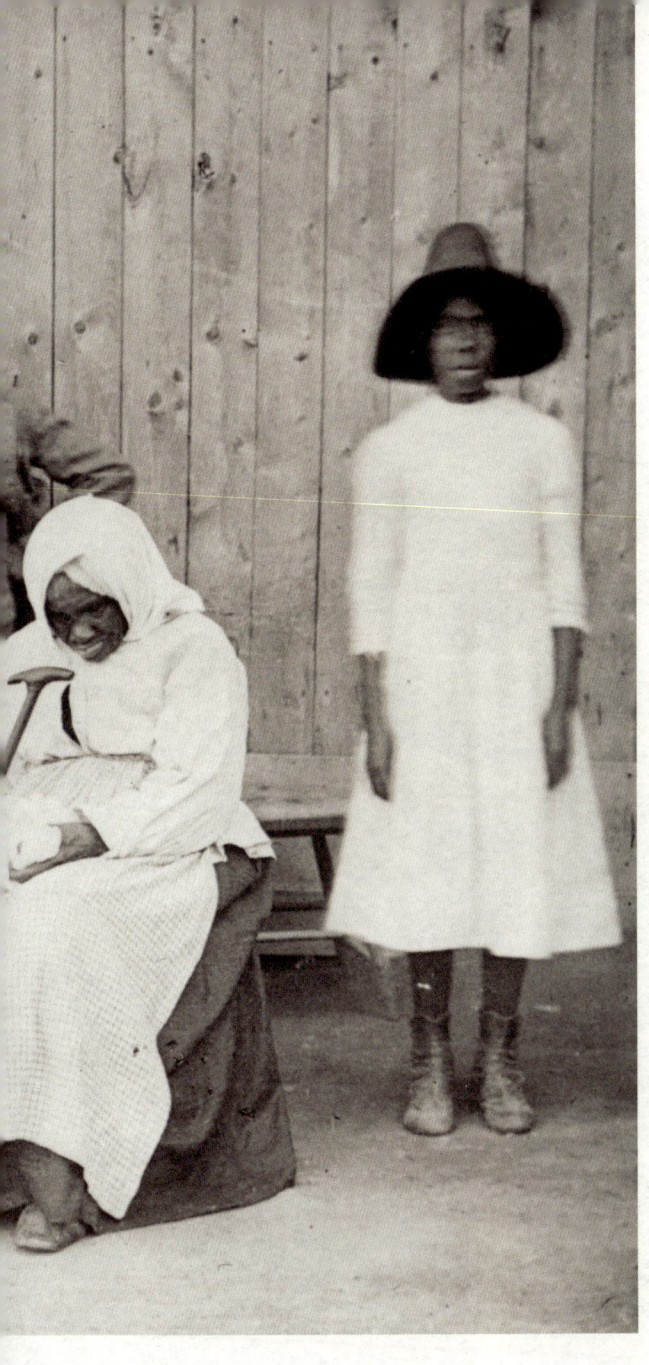

州和犹他州自行选择,两个州投票都支持奴隶制,虽然并未生效。这就是众所周知的"1850年妥协案",它对这个日益动荡的联邦国家贻害无穷。

妥协案中最恶劣的后果体现在南方支持的《逃亡奴隶法案》里。该法案允许奴隶主进入自由州追捕逃跑的奴隶。北方的废奴主义者异常愤怒。许多反奴隶制的支持者,无论温和派,还是激进派,都抵制这一法案。这反过来又激起了南方人的愤怒,南方人认为他们只是想要收回自己的合法财产。1852年出版的反奴隶制小说《汤姆叔叔的小屋》,以书的形式进一步点燃了南北动荡的火焰。

双方的敌意持续升级。1854年,南方政客就奴隶制问题挑战北方各州,要求撤销《密苏里妥协案》,这导致了《堪萨斯-内布拉斯加法案》的出台。该法案接纳这两个州加入美国,前者同意奴隶制,后者拒绝接受,为引发日后被称为"血溅堪萨斯"的事件打开了从不断加剧的内部冲突滑向战争深渊的入口。

分歧的思想观念在南北之间变得更加明显。一位著名的南北战争作家描述道:"1860年,大多数南方人都认为,他们在难以置信的短时间内,发展出一种独特的文明,并且与其他美国人的文化不同。"激进废奴主义者约翰·布朗袭击哈珀斯费里事件,以及对德雷德·斯科特案件的判决,都强化了这种情绪。当1860年来临,总统提名被提出时,南方已坐在分裂主义情绪的火药桶上,轻而易举就能点燃叛乱和战争的熊熊烈火。

**"1850年妥协案"最恶劣的后果体现在南方支持的《逃亡奴隶法案》里。**

# 苦难浇筑的希望之国

对数以百万人而言，噩梦般存在的奴隶制是其骇人的另一面。

**作者：爱德华多·艾伯特**

奴隶制是美国历史不能回避的事实，但是奴隶制的实行并不是什么奇闻怪谈。美洲的英国殖民地最早就有奴隶制度，然后延续至独立战争，直至美利坚合众国诞生之后。在整个人类历史和几乎每一个文明中都有奴隶制的影子。奴隶制在美国的不同寻常之处在于，它成为那个时代最重要的政治、道德和宗教问题，并最终将美国拽入历史上最血腥的战争的深渊。最终，美国浴血重生，实践了"没有人可以拥有另一个人"这一原则。

第一批非洲奴隶于1619年被带到英属殖民地弗吉尼亚。他们来自荷兰商人捕获的一艘西班牙贩奴船。然而，因为西班牙人已经为这些非洲人施洗，因此根据英国普通法，他们被当作契约仆役对待。许多殖民地白人居民因贫困而付不起横渡大西洋费用的，也被同样对待。作为契约仆役，他们在一段时期内要受雇主的管束。期满之后，他们则有权获得自由。但在接下来的一个世纪里，黑人和白人之间的区别，以及奴隶制度的建立，逐渐被写入法律。马萨诸塞州是美国第一个将奴隶制合法化的州。1662年，一个涉及混血女人、伊丽莎白·基·格林斯蒂德的案件被判决，她成功地赢得她自己和儿子的自由。因为她是一个基督徒，一个英国人的女儿。因为这个案件，弗吉尼亚修改了法律，孩子跟随自己的母亲，而不是从父亲那获得身份。这意味着奴隶身份的女人所生的孩子出生即为奴隶，同时免除了男性白人奴隶主抚养奴隶妇女所生孩子的责任。

虽然奴隶制遍布各个殖民地，但到了18世纪，奴隶的雇佣方式发生了显著变化。北方的奴隶通常在城市里做仆人、工匠和劳工，而南方的奴隶则主要在土地上劳作，种植烟草和水稻等作物。对于这类劳动密集型的工作，南方的种植园主在购买奴隶方面投入了大量资金。然而，反对

## 纳特·特纳起义

纳特·特纳是弗吉尼亚州的一名奴隶，很小的时候就学会了识字读书。他沉浸在《圣经》里，认为自己看到了异象，听到了神谕，相信上帝赋予他一个伟大的使命。他将这些想象融合成一种信念："我应该站起来准备好，去用敌人的武器杀死敌人。"

他认为自己将领导一场反对白人奴隶主的奴隶起义。1831年从天上来的征兆使他相信时机已到。特纳来到一小群聚集在南安普敦郡森林里的人面前，告诉他们该怎么做，这将不是温和的反抗，而是对几十年被残酷对待的回击。

特纳的主人第一个被杀。8月22日凌晨，七名男子来到特拉维斯农场。因为特纳前主人的遗孀嫁给了特拉维斯，特纳便成为约瑟夫·特拉维斯的财产。特纳先进了房子，然后放其他造反者进来，然后他们排成纵队静静地进入特拉维斯的卧室。特纳第一个动手，但这只是弄醒了特拉维斯，特拉维斯站了起来，大声喊着他的妻子。另一名奴隶用斧头砍死特拉维斯，转而用斧头砍向特拉维斯的妻子、9岁的儿子和一名农场工人。

特纳他们一路集结人手，朝其他农场发起袭击，杀死他们发现的每一个人。教堂的钟声响彻整个地区，警报很快传出。白人民兵武装起来搜寻他们。叛乱分子两天杀死了60名男人、女人和儿童。在叛乱被镇压前，特纳已设法逃脱。两个月后他最终被发现，其间他一直在树林里东躲西藏。1831年11月5日特纳受审，11日被执行死刑。美国历史上最血腥的奴隶起义虽然结束了，但它将长久留存在人们的记忆里。

奴隶制的呼声已经遍及英帝国和北美殖民地。美国独立初期，各个殖民地以及后来的各州都宣布彻底废除奴隶制。但是直到1807年颁布相关联邦法案后，跨大西洋奴隶贸易才被正式禁止。对比新大陆其他地区，英属殖民地的奴隶生存条件相对更好，因而奴隶数量得以迅速增加。

美国独立战争期间，效忠英国派和美国爱国者都承诺给予为己方作战的奴隶自由，尽管在革命军中黑人占了五分之一到四分之一之多。美国新宪法要求自由州归还从蓄奴州逃脱的奴隶，"自由州"的北方同"蓄奴州"的南方之间的分裂已经在加深。1804年，北方各州都宣布奴隶制非法，而南方各州的经济在轧棉机发明之后，与奴隶制的联系变得更加紧密。伊莱·惠特尼于1793年发明了轧棉机，使得从棉花纤维中剥离棉籽变得更容易，之后南方各州迅速转向了种植棉花，以满足英格兰纺织业大规模机械化后对棉花快速增长的需求。但本该衰落的奴隶制却由此得到了加强。尽管国会在1807年宣布进口非洲奴隶为非法，但之后美国国内的奴隶数量还在迅速增长，到1860年已接近400万。

南方的奴隶不允许识字。为了控制占总人口三分之一的奴隶，奴隶主们在自己的奴隶群体中也建立起等级制度，家庭奴隶的特权更高，可以对农奴发号施令。虽然奴隶可以结婚，但婚姻不受法律保护，奴隶主可以卖掉孩子，把妻子和丈夫分开。对奴隶不端行为的惩罚很严厉，一旦发生叛乱，他们会被残忍对待。

面对南方所谓的"特殊制度"，北方各州掀起了一场愈演愈烈的废奴运动。贵格会教徒是奴隶制度早期的主要反对者。他们成为第一个废奴主义协会的核心，该协会于1775年成立，并于1784年更名为宾夕法尼亚废奴协会。只有类似本杰明·富兰克林这类人才能成为协会主席。

然而，国会的政治权力被"自由州"和"蓄

▲ 1831年10月30日，星期日，农民本杰明·菲普斯带着一把上了膛的枪，在一些被移开的篱笆后抓住东躲西藏两个月之久的纳特·特纳

**到 1804 年，北方各州都宣布奴隶制为非法，而南方各州的经济与奴隶制的联系越来越紧密，特别是轧棉机发明之后变得更加紧密。**

奴州"平均瓜分,每个阵营各有11个州。但是随着美国向西扩张,新领土请求加入联邦时,这些新加入的州是"自由州"还是"蓄奴州"的身份问题变得越来越迫切需要解决。当密苏里州要作为一个蓄奴州加入联邦时,一项折中提议达成了,缅因州作为一个自由州加入美国,维持双方脆弱的平衡。《密苏里妥协案》还规定,未来任何位于北纬36度30分线以北的新加入的州都将成为自由州,而此线以南的州将成为蓄奴州,将奴隶制向西延伸,南北分界线保持不变。

1854年,进一步的解决办法出现了,努力得以实现。《堪萨斯-内布拉斯加法案》规定新加入的州应该由公投决定是自由州还是蓄奴州。许多政治人士认为这是支持奴隶制的民主党为扩大这一"特殊制度"所做的努力,于是脱离该党,加入了新的反奴隶制政党——共和党。当堪萨斯举行投票决定它是自由州还是蓄奴州时,许多密苏里州人越过州境前来为奴隶制投赞成票,扭曲了投票结果,引起堪萨斯废奴主义者的众怒。双方的冲突日渐激烈,接连发生谋杀和私刑,使这个新州被称为"血溅堪萨斯"。

以约翰·布朗为首的一些废奴主义者对缓慢的变革步伐越来越失去耐心。他视奴隶制是一种十恶不赦的罪恶,这种信仰的严重冲突已经如同启示录揭示的末日灾难,只有血债血偿,以众多鲜血才能洗清罪孽。他为此组织发动对西弗吉尼亚哈珀斯费里军械库的袭击,希望能发动一场大规模的奴隶起义。这次袭击失败了,布朗和他的大多数追随者不是在袭击中被打死就是被处决。这起严重事件使自由州和蓄奴州之间的紧张关系再度升级。

1852年,哈丽雅特·比彻·斯托出版了反奴隶制小说《汤姆叔叔的小屋》,这本19世纪的畅销书更进一步让北方自由州确信奴隶制是不

▲ 种植红薯的奴隶,南方大多数奴隶是农奴

▲ 位于弗吉尼亚州坎贝尔县格林·希尔种植园的奴隶拍卖场

道德行为。作为反击，恼怒的南方人创作了一系列"反汤姆"的小说，试图证明奴隶制是对一个"无法自理自主的种族"必然的选择。

然而在1857年，最高法院做出了臭名昭著的德雷德·斯科特判决，宣布作为奴隶输入美国的非洲人的后代不能成为美国公民。联邦政府无权在西进运动中被收购的新领土上宣布奴隶制不合法。最高法院的决定原本是想把奴隶制当作一个既定的法律问题，从而结束有关奴隶制的政治辩论。结果却适得其反，激起北方人对奴隶制的强烈反对，并使得民主党分家，一部分人另起炉灶。1860年，新废奴主义政党共和党的亚伯拉罕·林肯利用民主党内部分裂的时机，当选总统。南方蓄奴州以脱离联邦作为回应，于1861年2月4日成立了美利坚联盟国。没有什么值得再商讨，美国建国以来最大的道德问题将用鲜血解决。

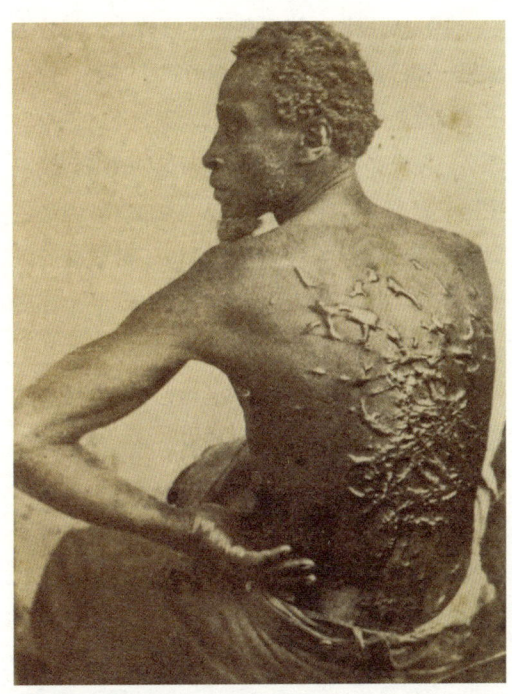

▲ 在加入联邦军队之前，"戈登"在1863年3月从奴隶主手中逃脱，体格检查发现他背上伤痕累累。戈登加入了联邦军队，参加了内战

# 美国废奴运动

废奴主义者从处于边缘的游说者，成为时代变革的主流，促进林肯发表著名的《解放黑人奴隶宣言》。

作者：威尔·劳伦斯

19世纪早期，许多美国人已认为一部分人被另一部分人所奴役是令人厌恶的。毕竟，对于一个建立在谋求自由和幸福的原则之上的国家，怎么还能允许数百万男女被奴役这种现象继续发生？一些参加过独立战争的人在梅森-迪克逊线以北地区废除了奴隶制，包括位于俄亥俄河以北、新加入联邦的那些州都没有奴隶，它们都属于自由州。

尽管存在这种思潮，并且1808年1月1日实施的法案废除了美国的非洲奴隶贸易，然而有关奴隶制在南方依然续存这样严肃的政治辩论仍然很少。在19世纪最初几十年里，北方或南方的许多人仍然相信，只要时间一长，奴隶制会自然消亡。

1833年，英国下议院通过了废除英帝国奴隶制法案，强大的英国海军也开始对国际奴隶贸易展开打击，这些似乎都预示奴隶制即将消亡这一趋势。然而，因为棉花生产的持续繁荣推动了南方各州的经济转型，许多种植园主变得富有起来，而这抵消了这一趋势的继续发展。

这些种植园主和代表他们的政客们（通常都是同一个人）很快就找到了维护奴隶制的有利言辞。作为回应，众多北方自由主义者则予以强烈谴责。美国政坛和文学界逐渐出现了两极分化。

同一时间，新教复兴运动席卷全国，清教徒在新英格兰地区和纽约州北部找到了异常肥沃的土地。清教徒中的狂热分子在史称"第二次大觉醒"中认识到节制和责任的重要意义。他们认可黑人和白人一样有价值——正是从他们当中涌现出许多最为狂热的废奴主义者。

来自马萨诸塞州纽伯里波特的威廉·劳埃德·加里森是改革派领袖，他呼吁立即废除奴隶制。1831年，他成立《解放者报》，成为废奴运动呐喊的喉舌。1837年，他又协助成立了美

▲ 出生在奴隶家庭的废奴主义者、作家弗雷德里克·道格拉斯，他的儿子参加了南北战争

▲ 报纸出版人威廉·劳埃德·加里森，废奴运动的前沿人物

国反奴隶协会。

加里森得到了西奥多·维尔德、安吉丽娜·格里姆克、温德尔·菲利普斯、本杰明·塔潘和刘易斯·塔潘兄弟等人的支持。支持者中还包括以坚韧不拔的意志而著称的前逃亡奴隶弗雷德里克·道格拉斯。

尽管废奴主义者热情高涨，但他们在北方各州只获得了小规模的支持。而且因为与许多南方人观点相悖，他们常常遭到嘲讽。1837年，支持废奴主义文学的几家出版商遭到袭击，其中一个不幸的人——里维尔·伊利亚·洛夫乔伊，在伊利诺伊州的奥尔顿被人杀害。

直至1850年，废奴主义者仍是一股边缘势力。但是，正如一位历史学家描述的，"他们根深蒂固地潜伏在美国政治的两翼"，他们的力量不在于支持他们事业的选民数量，而在于他们有能力推动一个清晰一致的主张。

哈丽雅特·比彻·斯托于1852年出版的畅销小说《汤姆叔叔的小屋》就特别体现了这一点。小说中的几个突出的场景都是借鉴于同为废奴主义者的西奥多·维尔德所著《美国奴隶制现状》一书。《汤姆叔叔的小屋》用家庭亲情打动了众多中产阶级的心弦，他们是更多地以家庭为中心的读者。这部小说诸如伊莉莎在冰冷的俄亥俄河上摸爬滚打营救儿子，汤姆在肯塔基州卖掉一个孩子后哭泣的场景，都矗立在美国文学的丰碑中。

19世纪50年代，废奴主义者越来越为人们所接受，这在很大程度上要归功于报纸对一系列逃亡奴隶案件的报道。1850年，国会通过了一项更为严格的《逃亡奴隶法案》，批准奴隶主在联邦政府的帮助下追索逃亡奴隶。十年过去后，随着越来越多的案件浮出水面，奴隶主们很快发现自己受到当地废奴主义积极分子的抵制，使他

▲ 长老会牧师伊利亚·洛夫乔伊被一群支持奴隶制的暴徒在袭击哥德弗雷和吉尔曼的仓库时杀害

们变得越发不得人心。

当然,这场运动内部依然存在着巨大的分歧。约翰·布朗代表着最激进的改革者,他以事业的名义执意将起义进行到底。进入19世纪60年代,北方的思潮开始转向,许多人开始感到羞耻,因为在西方世界的宪政文明中,也只有他们仍然允许奴隶制存在。

随着南北战争爆发,废奴主义者的呼声越来越高。由于认识到种族主义和对宪法的尊崇可能会阻碍将解放奴隶作为战争目标的计划,废奴主义者转而将废奴运动作为联邦军队的一种军事需要来推动。他们指出黑人也是一支强大的抵抗力量。道格拉斯曾经写道:"这场战争的核心是以奴隶的形式出现的黑人。"随着《解放黑人奴隶宣言》于1862年问世,废奴主义者终于赢得了胜利。

▲ 1840年的美国废奴主义年历

# 战争流星

最激进的废奴主义者约翰·布朗企图鼓动奴隶起义，这引起了南方的恐慌。

《白鲸》的作者赫尔曼·梅尔维尔在他的一首诗中写道："古怪的约翰·布朗"是"战争的流星。"这位热血的废奴主义者，在1859年鲁莽地试图占领位于弗吉尼亚州哈珀斯费里的军火库，这无疑点燃了分裂的火药桶。布朗希望他的行动能引发一场奴隶起义。而这在大多数南方人的想法中极有可能成为现实，特别是在密西西比和南卡罗来纳，因为那里黑人要比白人多得多。

《里士满问询报》如此报道："因为哈珀斯费里事件，包括北方人对这一事件的支持……动摇和破坏了人们对联邦制度的尊重；只有极少数的人没有意识到分裂必将在不远的某天到来。"

布朗是一个野蛮残暴的人，他和堪萨斯州的同伙一起参与了后来被称为"波特沃托米大屠杀"的事件。10月16日，他组织了一支由13名白人和5名黑人废奴主义者组成的队伍并攻占了哈珀斯费里。当然，他们的胜利很短暂，他的队伍很快就被罗伯特·E.李上校领导的联邦军队击败了，他所梦想的起义也随之失败。

布朗和他的六名追随者因叛国罪和谋杀罪被判处绞刑，他的名字同时被奴隶制的支持者和反对者大量提及。对拥护奴隶制的人而言，他是北方意志的象征。而对许多北方人来说，他则是一位烈士。在他死后被发现的一封有着预见性的短笺中，他这样写道："这块罪恶的土地上的罪行永远不会被清除，除非血债血偿！"

**甚至到1850年，废奴主义者仍然是边缘势力。他们的力量并不基于支持他们的选民人数，而在于他们有能力倡导自己的主张。**

▲ 亚伯拉罕·林肯，美利坚合众国第十六任总统

# 1860年的总统选举

1860年11月，亚伯拉罕·林肯当选美国总统，
代表反奴隶制的共和党人取得选举胜利，
并促使支持蓄奴的南方诸州脱离联邦。

**作者: 马克·德桑蒂斯**

在美国历史上，其他任何一次选举都不像1860年的选举那样充满危险，并给这个国家带来严重的后果。当年有几位候选人同时竞选总统，这是美国内战爆发前政党分裂的结果，这些政党已经主宰了美国政治数十年之久。候选人之一亚伯拉罕·林肯作为最终的获胜者，当时并未在南方十个州的选举中获胜，每10个选民中有6个人把票投给了其他候选人。然而，他最终还是赢得了胜利，在接下来美国历史上最艰难的四年里，成为第十六任总统。

在1860年11月6日举行的选举中，林肯的主要对手分别是来自肯塔基州、代表南方民主党的约翰·C. 布雷肯里奇，来自伊利诺伊州、从南方民主党分裂出来的北方民主党代表斯蒂芬·道格拉斯，还有新成立的护宪联合党推出的总统候选人田纳西州的约翰·贝尔。

斯蒂芬·道格拉斯在竞选时坚决反对分裂。在当时，候选人通常还不会四处去拉票，但道格拉斯竞选期间至少走访了23个州。

道格拉斯早已意识到他不可能成为总统，因为以林肯为代表的共和党已经赢得了10月举行的州选举胜利，道格拉斯在11月的总统选举中获胜几乎成为一项不可能完成的任务。

支持他继续参加竞选活动的动机是维护美国的统一。"林肯先生就是下一任总统，"他认为，"我要到南方去，我们必须努力拯救联邦。"

道格拉斯在选举期间不知疲倦地努力说服南方不要脱离联邦。总之，他说服南方选民避免分裂的效果并不佳。田纳西州孟菲斯市的一家敌视废奴的报纸这样描述道：他"浮肿的脸"现在"转向了南方"。并嘲笑他是一个"四处兜售北方佬观念的小贩"，说他"很快就要在南方兜售他那套卑鄙的原则了。他在南方除了四处煽动，

▲ 约翰·C.布雷肯里奇曾是詹姆斯·布坎南担任美国总统时的副总统，1860年的总统大选中，被南方民主党推举为总统候选人

▲ 约翰·贝尔是护宪联合党在1860年总统大选中推举的总统候选人

▲ 斯蒂芬·道格拉斯是北方民主党在1860年总统大选中推举的总统候选人

毫无其他意义。"

当时，脱离联邦的言论在南方甚嚣尘上。特别是在那些以使用奴隶为主、棉花种植经济占据了主导地位的州。他们担心共和党选举胜利后会趁势解放他们的奴隶，因此必须不惜一切代价避免这种情况发生。而在19世纪上半叶，是否废除奴隶制一直是美国最有争议的社会问题，已导致新加入联邦的西部诸州之间问题多多，因为无论是选择支持废奴的北方诸州，还是选择支持蓄奴的南方诸州，都不希望双方之间的不平衡对各自集团造成损害。

## 选举政治

1860年，美国共有33个州参加总统选举。其中18个自由州支持废除奴隶制，另外15个蓄奴州则支持奴隶制完全合法。虽然当时的美国宪法规定奴隶制合法，但在是否保留奴隶制问题上

# 林肯进入华盛顿的秘密通道

针对林肯的暗杀谣言迫使他乔装进入首都华盛顿。

当时社会上反林肯的情绪异常强烈,以至于人们担心当选总统的亚伯拉罕·林肯在抵达首都华盛顿特区之前就会被暗杀。事实上,林肯总统在从伊利诺伊州斯普林菲尔德动身前往首都之前,已收到了来自首都地区的死亡威胁。他把这些威胁转告给温菲尔德·斯科特将军,后者向新总统保证他将在宾夕法尼亚大道上安置大炮。任何支持分裂主义的人一旦做出不恰当的举动,都将被他"炸入地狱"。

1861年2月11日,林肯乘火车离开斯普林菲尔德,并在前往华盛顿特区的铁路沿途各站发表演讲。与此同时,平克顿侦探社的创始人艾伦·平克顿发现了一起针对林肯的暗杀阴谋,计划中的谋杀将发生于靠近华盛顿的巴尔的摩市中心。

一个假称约翰·H.哈钦森的线人告诉平克顿,林肯在穿过巴尔的摩时可能会遭到袭击。平克顿随

▲ 平克顿的第一个公司标志

后询问了西普里亚诺·费兰迪尼。这是一位狂热支持南方的意大利裔人士,他坚持认为林肯不能成为总统,并已做好亲自动手杀害新总统的准备。

其他涉及危害林肯总统的证据也逐渐浮出水面。华盛顿的温菲尔德·斯科特和威廉·苏厄德都听说了预谋中的巴尔的摩袭击事件,他们的调查人员也证实了一起针对新总统的暗杀阴谋正在酝酿之中。

候任总统林肯在平克顿的帮助下,伪装成一个病人。他弯着腰掩盖他那难以令人忽视的身高。在2月22日夜里,林肯总统被护送上一辆从宾夕法尼亚州哈里斯堡开往首都的特殊卧铺车厢。铁路当局暂停了哈里斯堡和华盛顿之间的电报联系,沿途其他火车也都被转移到支线。2月23日凌晨3点30分,林肯乘坐的火车驶过巴尔的摩,没有发生任何事故,早上6点左右安全抵达了首都华盛顿。

▲ 艾伦·平克顿,平克顿国家侦探社的创始人

**平克顿发现了一起以巴尔的摩为中心的针对林肯的暗杀阴谋。**

▲ 1861年2月，密西西比州的杰斐逊·戴维斯被选为美利坚联盟国临时总统

辉格党的分裂使得民主党成为当时最大的全国性政党。然而，民主党在奴隶制问题上也一样存在着分歧。许多北方民主党人在政治观点上极度反对南方，他们认为民主党作为一个整体已经被亲奴隶制的南方民主党人从中分裂了。

最终，心怀不满的北方民主党人和在政治上无家可归的北方辉格党人，以及其他坚决反对奴隶制的人，在1854年组建了一个新的政治联盟，这就是共和党。尽管这些共和党人在其他许多问题上一样有着不同主张，但他们却因为对南方的敌意而团结到了一起。

大多数共和党人相信奴隶制必将被废止。他们因此坚决反对南方蓄奴州行使过度权力。美国宪法规定在分配国会的代表席位时蓄奴州可以将奴隶按五分之三的自由人计入人口总量，这使得南方攫取的政治权力膨胀，超过了原本仅以自由人为基数的程度。北方自由州总人口为1880万人，而南方蓄奴州只有830万自由人口。但是依据南方约350万奴隶的五分之三统计，南方享有政治权利的人数增加到了1040万人。

尽管如此，由于北方各州人口总数要大得多，可以在总统选举团中获得更多的选票，北方与南方是180票对120票。美国宪法规定美国总统由选举团选举产生，而不是由选民直接选举产生。从理论上讲，总统候选人可以通过足够压倒性的北方选民选票来赢得选举，而不需要南方选民任何一张选举人票。因此，共和党人唯独向北方选民发出承诺，将保障共和国不受奴隶制度的侵害。他们也坚决反对西部地区的奴隶制在美国向太平洋扩张的西进运动过程中合法化。

1860年5月18日，共和党在芝加哥召开了全国代表大会，并提名来自伊利诺伊州斯普林菲

的分歧，自美国取得独立以来只增不减，已经不可弥合。奴隶制本身已经完全不能被大多数美国人所接受，特别是那些一心想废除奴隶制的北方废奴主义者。

南方人普遍对废除奴隶制的后果感到极大的恐惧，他们认为这会导致种族战争以及种族融合。废奴主义者和广大希望奴隶制保持合法的南方人之间绝不可能达成妥协。

1860年的选举之所以引人注目，是因为它展示了相对新成立的共和党在北方自由州的主导政治力量。共和党是从19世纪30年代早期到50年代中期盛行的所谓美国第二政党体系崩溃中崛起的。而当时美国的两个主要政党是辉格党和民主党。辉格党在奴隶制问题上彻底分裂，北方的辉格党反对它，而南方的辉格党则支持它。

## 这个新的政治联盟于1854年演变成共和党。

尔德的亚伯拉罕·林肯律师为总统候选人。他从政经验有限，自从1849年结束在众议院的唯一一届任期后，就再也没有担任过任何政治职务。共和党的政客们能够在提名林肯上达成一致的主要原因，还在于另一个主要的潜在候选人——威廉·苏厄德过于激进，不可能赢取宾夕法尼亚州、伊利诺伊州和印第安纳州等关键州的选票。林肯本人也是奴隶制的坚定反对者。他曾说过："如果奴隶制没有错，那么就没有什么是错的。"他坚决反对奴隶制向西部诸州扩散。

## 选举日到来

1860年11月6日是总统选举日。林肯在斯普林菲尔德焦急地等待着各地的消息。每个州都通过电报报告它们的选举统计数字。午夜过后，纽约公布了它的统计结果，林肯处于领先位置。不出所料，林肯也没有获得15个蓄奴州中任何一个州的选举人票。

约翰·C.布雷肯里奇赢得了15个蓄奴州中的11个州的胜利，但他只赢得了848356张选票。民主党未能推举出一名总统候选人，使得该党选票毫无意外地被分散。

▲ 1860年提名亚伯拉罕·林肯为总统的共和党大会

尽管林肯的名字没有在南方10个州的选票上出现，他仍然在所有四个候选人中获得了最多的选票，并以180张选举人票赢得了选举团选举。他的劲敌布雷肯里奇获得72票，贝尔获得39票。道格拉斯只获得了12张选举人票，尽管他的总票数为1363876张，远远高于布雷肯里奇。不幸的是，这个庞大的数字只让他在密苏里州和新泽西州获胜。

林肯即将就任美国第十六任总统，并将于次年，即1861年3月4日宣誓就职。许多南方人对林肯的胜利感到震惊。于是南方要求脱离联邦的情绪越来越强烈，尤其是那些想要立即脱离联邦的"食火者"。在他们看来，林肯确定入主白宫后，南方已处于极度危险的境地。南卡罗来纳州作为分裂主义的滋生地，于1860年12月20日宣布脱离联邦。紧接着南方产棉大州佐治亚州、亚拉巴马州、佛罗里达州和得克萨斯州也在第二年2月宣布脱离联邦。

这些脱离联邦的州在组建自己的国家上没有浪费时间。1861年2月9日，南方代表选举密西西比的杰斐逊·戴维斯为美利坚联盟国的临时总统，首都定于亚拉巴马州的蒙哥马利。

分裂主义很快演变成武装冲突。4月12日，南方的联盟国军队朝萨姆特要塞打响了第一炮，这是位于南卡罗来纳州查尔斯顿港的一个沙洲要塞，揭开了接下来长达四年血腥内战的序幕。

▲ 1958年发行的美国邮票，纪念1858年林肯与道格拉斯的辩论

# 战火中的国家

- 52 　政局密云 1861—1862
- 54 　首袭萨姆特要塞
- 61 　南军与北军
- 66 　联邦军队的杰出将领
- 69 　南方邦联军队的杰出将领
- 72 　第一次布尔溪战役
- 77 　取胜之道
- 86 　非洲裔美国人和内战
- 92 　新奥尔良战役
- 106 　最血腥的一天
- 116 　政局密云 1863—1864
- 118 　自由的新生
- 122 　罗伯特·E. 李时乖运蹇的北进
- 129 　葛底斯堡战役
- 132 　内战使用的武器
- 136 　林肯的全面战争
- 147 　囚禁中的生与死
- 153 　向海洋挺进
- 162 　政局密云：1865
- 165 　邦联的末日
- 170 　阿波马托克斯的终结之战
- 180 　亚伯拉罕·林肯遇刺

# 政局密云
# 1861—1862

联邦和邦联集结人力和物资，爆发了长达四年、代价高昂的战争，
使一个国家发生了天翻地覆的改变。

▲ 1862年12月31日，一场为期三天的战斗在田纳西州默夫里斯伯勒附近的斯通河一带打响

在杰斐逊·戴维斯宣誓就任南方邦联总统两个月之后，叛军于1861年4月12日率先攻击了南卡罗来纳州查尔斯顿的萨姆特要塞。联邦和邦联走上了一条不归路。亚伯拉罕·林肯总统一周内招募了7.5万名短期志愿兵，负责在短时间内镇压叛乱。联邦政府开始着手实施温菲尔德·斯科特将军提出的宏大战略计划——"水蚺计划"。

内战早期的战斗结果，很快驱散了人们认为战争会在短期之内结束的信念。东部战场，南方邦联军队于1861年7月21日在布尔溪战役中击溃了北方联邦军队。邦联媒体大肆嘲笑北方的表现，称这次联邦的撤退为"大逃亡"。8月，联邦方面又遭到第二场失利。在执行打通密西西比战略时，在密苏里州的威尔逊溪，此战的第一个大型战役中，联邦再次受挫。11月爆出的"特伦特事件"，联邦在公海上抓捕两名邦联特使，更是引发了与英国开战的恐慌。

进入1862年的春天，战争双方的死伤规模愈加令人惊骇，在田纳西西部的夏洛之战中双方伤亡约2万人。尤利西斯·S.格兰特将军指挥的联邦军队随后获胜。8月，联邦军队又在第二次

▲ 1861年2月18日，杰斐逊·戴维斯在亚拉巴马州蒙哥马利宣誓就任南方邦联总统

布尔溪战役中惨败给"石墙"托马斯·J.杰克逊将军率领的邦联军队。9月，位于马里兰州西部的安提塔姆成了美国历史上最血腥一天的事发地。在这流血不止的一年结束之时，联邦军队的波托马克军团又在弗雷德里克斯堡战役中血流成河。

▲ 发生在密苏里州的威尔逊溪战役是打通密西西比西部的第一场主要战役，南方邦联和联邦军队双方势均力敌，难分高下

# 首袭萨姆特要塞

在一个尚未完工的要塞里,
一支小小的联邦守备部队即将听到美国南北内战的第一声炮响。

**作者:戴维·史密斯**

虽然战争已不可避免，但双方都不愿意先声夺人。一旦先发动战争将会被视为侵略者，就会在政治舆论上落于下风。而对联邦而言，詹姆斯·布坎南，一位跛脚鸭式的总统只会将情况变得更加棘手。可以理解的是，他希望平安度过自己总统任期的最后几天，美国不会爆发公开的冲突。他寄希望于即将上任的亚伯拉罕·林肯在就职后处理当下的危机。

但局势已经一触即发，危险处处闪现。最明显的是据守在南方领地上的联邦要塞，如查尔斯顿的莫尔特里要塞和佛罗里达州彭萨科拉湾的皮肯斯要塞。这都成为双方激烈争论的焦点。

莫尔特里要塞的指挥官是罗伯特·安德森少校，他出身于一个令人敬佩的家族。他的父亲在独立战争期间，曾在英国人面前捍卫这一阵地。现在他接过坚守阵地的责任，抵御联邦潜在的新敌人。然而，问题是，莫尔特里要塞已处于无法有效防御的状态。因此，1860年12月29日，安德森将他的守备部队转移到一英里外海上的萨姆特要塞，决心在那里驻守。

安德森的这个行动是一个未取得上级授权、大胆的举动。之前他已经就此事请示很久，却没有得到任何回复，布坎南希望安德森在他卸任总统后再采取行动。南方则认为这是侵略行为。于是迫在眉睫的问题摆在联邦政府面前，北方是应该守住这个堡垒（这意味着要派遣援军），还是顺其自然？这是联邦的两难选择。

**安德森决定将他的驻军转移到萨姆特要塞，这是一个大胆的举动，也未经上级授权。这一举动被南方邦联视为侵略行为。**

▲ 一位画家对要塞遭受炮击期间的可怕场面的描绘

**随着补给舰队的到来，南卡罗来纳州州长被迫采取行动。**

## 布防阵地

▼ 博勒加德将军的任务是迫使萨姆特要塞的驻军投降

安德森是肯塔基州人，他妻子来自佐治亚州。按出身，人们会以为他是南方邦联事业的支持者。但事实证明，他对联邦的忠诚要强于家族纽带的维系。现在，他要利用好自己有限的资源，进行合理布防。

萨姆特要塞是一座不同寻常的建筑，设置了三层炮台，需要650名士兵全副武装驻守。然而它现在还在修建中，安德森也只有85名部下，还有一些工人。理论上该要塞可以安装146门炮，但只有81门到位，且只有15门被正确地安放在炮位上。安德森先立刻着手将剩余的66门火炮安装到位。由于士兵人数捉襟见肘，安德森决定只在要塞防护最厚实的炮塔层布防。而此时，南卡罗来纳的军队继续在要塞外集结。

1861年1月9日，联邦第一次尝试增援萨姆特要塞。当时一艘载有补给物资和200名士兵的商船到达海岸边，试图靠近萨姆特要塞。但它被邦联布置在陆地的炮兵驱逐。安德森不愿意为了保护这艘船先开火，他担心，稍不注意反而会引发战争。

随着林肯就任总统，局势变得更加紧张。他在演讲中承诺"支持、占有和掌握住属于政府的财产和领地"。这显然包括萨姆特要塞。但南方派出三名委员在华盛顿就移交萨姆特要塞进行谈判。林肯指派的国务卿威廉·H. 苏厄德反而将局面复杂化。他亲自向南方谈判代表保证，萨姆特要塞将毫无悬念地被放弃。

此时，要塞的给养只能维持不到六个星期。林肯面对的现实是必须、马上提供补给。古斯塔夫斯·福克斯上尉被派去视察要塞，回来给林肯汇报情况后，林肯做出给要塞提供补给的决定。

意识到这种做法有挑衅的意味，林肯告知查尔斯顿当局，除非要塞遭到攻击，他不会试图"补给人手、武器或弹药"。补给将严格限于现有驻军的给养。1861年4月6日，补给船队奉命启航。

双方都在这个问题上小心翼翼，都希望对方首先出击。后来担任南方邦联政府国务卿的罗伯特·图姆斯参议员，和大多数人一样认识到这个国家正坐在火山口。他警告说："攻击那座要塞，将引发一场世界上前所未有的内战。"另一些人则希望战争爆发，以巩固因分裂主义产生的裂痕，并说服边界州或更偏北的各州也脱离联邦。

南卡罗来纳州的州长弗朗西斯·威尔金

▲ 尽管与南方关系密切，萨姆特要塞的指挥官罗伯特·安德森仍然忠于联邦

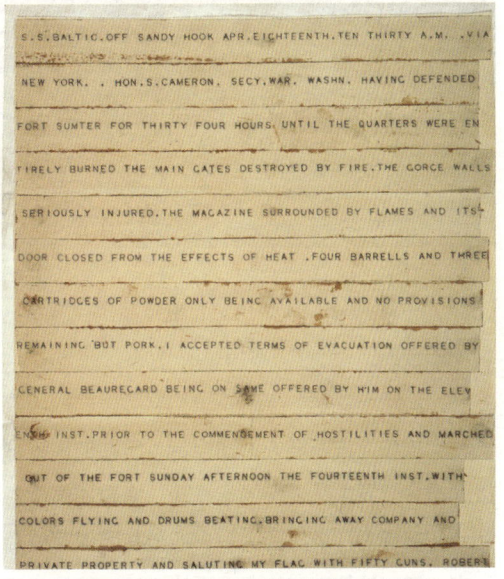
▲ 安德森少校发出的电报解释了他放弃萨姆特要塞的原因

森·皮肯斯曾希望避免在萨姆特要塞事件中率先采取行动。但得知补给舰队已在途中，他迫不得已采取行动。

## 战争的欲望

发生在萨姆特要塞的暴力冲突,激起了处于分裂鸿沟两边人群的强烈反应。

萨姆特要塞的失陷对双方都产生了激励作用。出乎意料的是,剑拔弩张的紧张关系被打破后,双方几乎有种如释重负的感觉。北方和南方都对胜利充满信心,都确信这场战争将短暂而又具有决定性。少有人考虑到这绝不是光荣的十字军东征。

报纸率先对爆发的敌对行动欢呼雀跃。北方的出版物洋洋自得地宣称:"一切脆弱的多愁善感都应该抛弃,那些卑劣的叛徒用他们的残忍无礼和叛国行为伤害到我们,必须让他们血债血偿。"南方报纸也抱有同样的乐观。

双方都相信自己的动机出于正义,似乎也没有注意到在占领要塞时尚无人死亡这一事实。"这个国家已经被玷污,"一份印第安纳波利斯的报纸斥责道,"政府受到了攻击。如果做什么都不被惩罚……我们就不是一个国家,我们的政府是假冒的政府。"

许多普通民众也把自己的想法写进日记和信件中,都有一个共同的主题——对对方的行为感到愤怒。"我宁死也不愿看到北方佬统治这个国家。"一位北卡罗来纳州的公民这样写道。

任何一方都不能从另一方的角度来考虑,这一点在南北双方采用了同样一首歌——乔治·弗雷德里克的歌曲《为自由而战》——作为对内战起因的颂歌时得到了清楚的证明。每个人都在歌曲中听到了他们自己的故事在其中回响。

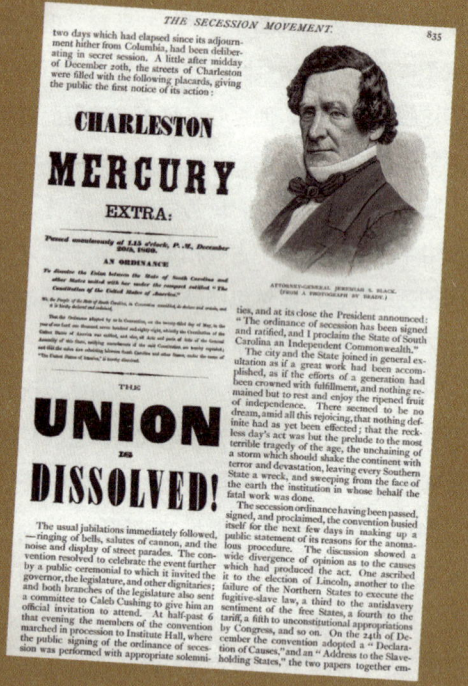

▲《查尔斯顿信使报》是邦联从联邦分裂后出版的第一份报纸

## 补给竞赛

皮埃尔·古斯塔夫·图坦特·博勒加德将军接到命令,要求萨姆特要塞投降。博勒加德精力充沛,被称为"小法国人"。他曾在西点军校师从安德森,这使当时的局面更加尴尬。而船队的稳步逼近使得形势更加紧迫,像一个正在倒计时嘀嗒作响的闹钟,箭在弦,枪上膛,战争已无法避免。

博勒加德给出优厚的条件,希望安德森主动放弃要塞。但安德森少校拒绝接受,因他已得知补给船队出发的消息。然而同时他也告知博勒加德,他即将面临断粮,如果4月15日之前得不到补给,他就会投降。是不是安德森想拖延时间已不得而知,但博勒加德不想再等下去。4月12日凌晨3时30分,安德森接到了邦联方面的通知,要塞将在一小时后受到邦联的炮击。

究竟是谁扣下内战第一枪的扳机?人们一直争论不休(有些邦联人认为,这份荣光应该属于1月攻击前往萨姆特要塞的补给船的人)。位于詹姆斯岛的约翰逊要塞发射出一枚信号弹后,凌晨4点30分,莫里斯岛上的装甲炮台射出了第一枚对准萨姆特要塞的炮弹。这颗炮弹从一门八英寸(1英寸约等于0.0254米)口径的哥伦比亚式大炮射出，据说炮手是埃德蒙·鲁芬。美国内战正式打响了。

安德森的副手阿伯纳·道布尔迪上尉作为反击的第一人毫无疑议，他对准装甲炮台射出了回击的第一炮。

这是一场强弱悬殊的对决。安德森指挥的部下仅有21门火炮能回击，大多数还是使用圆形实心弹的32磅（1磅约等于0.45千克）大炮。他们也没有臼炮和爆裂弹反击邦联。而围攻部队则是分属6个炮阵的30门大炮和18门臼炮，其中一些炮台还在萨姆特要塞炮火的射程之外。在长达33个小时的炮轰里，面对射来的4000枚炮弹，他们仅回击了1000发。四面楚歌的联邦守军做出的炮火反击仅仅能表现出自己精神上的不屈。

战争的爆发并没有引起本应有的冷静与反思。许多当地人都出来围观，有些人甚至坐下来野餐，当作一整天的娱乐。最后的结果毫无悬念。人们在海岸附近发现被大风吹散的补给船队。它们并不敢冒着肆虐的炮火去给要塞提供补给。当看到露出海平线上的补给船只时，萨姆特要塞的部队曾短暂地振奋了一阵，但很快就意识到补给对他们而言可望不可即。

邦联发射的炮火引燃了要塞里的营房，并给砖墙造成了严重的破坏。但除了少数人受伤，没有什么大的影响。特别值得一提的是，内战的第一场战斗并没有造成人员死亡。

## 要塞的陷落

炮击进行到第二天早上时，萨姆特要塞因为弹药即将耗尽，每十分钟才能回击一次。安德森不得不低头。在只剩三枚炮弹时，他同意进行谈

▲ 公认埃德蒙·鲁芬是对萨姆特要塞打响第一炮的人，他于战后自杀

判。4月13日下午1时30分，安德森同意带着疲惫不堪的守军投降。第二天，邦联用50响的礼炮向被击中的国旗致敬，却意外把礼炮的一团余烬投到了萨姆特要塞守军留存的火药中，随之发生的爆炸夺去了二等兵丹尼尔·霍夫的生命。第一个死于美国内战的人是意外死亡。

围绕此次袭击的准备工作一直纷争不止。但显而易见，双方都希望对方先动手。林肯无疑是倾向让邦联方面首先开火。但实际上，所有人都已按捺不住打一仗的想法。

枪一旦打响，就覆水难收，没有回头路了。在萨姆特要塞投降后的几天内，双方都开始组建自己的军队。

▼ 关于内战中军队作战行动的彩绘，掩盖了战场恐怖血腥的本质

# 南军与北军

美国内战的爆发，
导致一个国家出现了两支传承相同，
但又显著不同的军队。

**作者：戴维·史密斯**

美国内战交战双方军队的标准形象和我们普遍认知中的并不一致。在普遍认知中，南北战争的画面是身穿蓝色军装的联邦军人在战场与着灰色制服的邦联军人对峙，但这种熟悉的场面只是在部分场合准确。事实上，无论是士兵队列、武器装备，还是制服，双方军队并不容易被彼此区分。内战中的两边军队是一个有着盘根错节关系的集合体，他们之间的共同点比我们通常认为的要多得多。

两支军队最初是从一面旗帜下被分割、撕裂开的。虽然维持国家的完整统一越来越勉强，但实际上，在布尔溪、葛底斯堡和纳什维尔交锋的士兵之间的共同点比差异要更多。形容美国内战兄弟阋墙、父子相争的描述已经是陈词滥调了，这也没有使爆发战争的可能性有所降低。南北两军有许多相似之处，但是每一方也都有自己的特色，并随着战争的发展而不断强化。到战争的末期，战场上面对面厮杀的士兵已把对方视为自己真正的敌人。

**对垒的两军来自同一个国家——在布尔溪、葛底斯堡和纳什维尔战场上交锋的士兵之间的共同点比差异要更多。**

## 农夫军人

内战前的南北双方都以农业种植为主，北方正处在快速工业化的进程中，北方联邦军队大多数军人前身都是农民，仅有四分之一的军人是从超过2000人口的城镇中招募来的。在南方邦联中这种现象更加严重，只有10%的邦联人生活在2000人口以上的城镇中。

美国内战伊始，这个国家只有一支规模小到1.6万人的正规军。这反映出联邦长久以来对保持一支常备军的迟疑，这个态度甚至可以追根溯源到美国独立战争时期。战争爆发后正规军略有扩充，但其实为北方联邦战斗的是一支庞大的非正规军。

1861年4月15日，亚伯拉罕·林肯号召组建了一支由7.5万名志愿者组成的民兵队伍，服役期只有短短三个月。没有什么比总统规定的适量的征兵人数和短期征兵更能概括人们对即将到来的战争的误解了，但这只是一个开始。仅仅几个月后国会批准征召50万名志愿军。到1865年5月，超过100万人被联邦武装起来。而整个内战期间，有大约200万人在联邦军队服役，其中包括大约18万名非洲裔美国人。

士兵的招募都在当地进行，一个有声望的

▼ 非写实描绘富兰克林之战的画作，胡德将军发动的正面进攻如同灾难，短短数小时伤亡7000人

▲ 炮兵在战场上失去了优势，但仍然是防守方必不可少的关键角色

本地居民可以募集起一个连队，然后该连队在州长指令下与在其他地方独立成立的连队再组建成为一个团。大多数人都是秉承着维护联邦统一而战的精神加入军队的（不乏一些人只是寻求冒险）。废除奴隶制并不是战争开始时的主要动机。1863年6月，联邦开始依据《征兵法》实施征兵制（在刚刚过去的一个年度里，没有达到民兵定额的州已开始实施这个草案）。

在联邦军队服役的200万人中，有11万多人因在战场上受伤而导致死亡。另有25万人死于其他原因。

## 兵力对比

在南方，人们对内战的规模也有类似的低估。1861年3月6日，南方邦联议会批准组建一支10万人规模、服役期限12个月的军队。与北方在内战爆发后匆忙修订招募志愿兵数字的行为如出一辙，邦联方面多达40万人的三年期兵役很快就被批准。

由于南方人口约为北方的三分之一，南军的规模一直较小，1863年6月达到兵力巅峰时有47.5万人的武装力量。那时，南部邦联军队已经采用了征兵制度，但这种制度很少被执行，因为大多数符合条件的人宁愿志愿参军，也不愿忍受被征入伍的耻辱。这些士兵中大约有25万人死于战争，疾病造成的死亡人数则是死于战争本身的两到三倍。

南方的邦联军的确只维持着一支由七个团组成、规模很小的正规军。大多数时候它们与各州自行组建的团并肩作战。

同北方联邦军队的构成一样，这些团组成南方邦联军队的基本部分。无论北方联邦军队还是南方邦联军队，团被编成旅，旅编成师，师编成军，军编成军团。北方联邦军军团以主要河流的名字命名，而南方邦联军军团的名字则取自组建它们的州名。

# 供应与需求

内战期间,南北双方为保障自己庞大军队的后勤竭尽全力。

保障参加内战的军队的给养是一项庞大的任务。除了军队本身之外,供应范围还覆盖了大片的领土。许多指挥官,特别是南方的指挥官,更愿意让自己的士兵靠土地自备补给,尽管这意味着行动必须速战速决,以避免拖垮自己的供给区。

南北双方的配给惊人地相似——主食是猪肉或培根配面包或面粉,还包括咖啡和糖。根据供应情况,士兵也可能得到米饭、饼干或豌豆,但饮食的单调造成很多士兵患上坏血病。

士兵经常没有补给,除非他自己去设法找口吃的。

1864年12月,饥肠辘辘的田纳西军团士兵艰难跋涉前往纳什维尔,他们每人除了几穗玉米之外,一无所有。而联邦军往往吃得更饱,穿得更暖。正常情况下,南方士兵的军装更加整洁讲究,但随着时间的推移,常常因不得不自备军装,他们的制服变得越来越凌乱。

在战争后期,联邦军队还故意针对南方的基础设施展开袭击行动。谢尔曼将军在邦联领土上的行动最为人诟病。佐治亚州和南卡罗来纳州的铁路、工厂和磨坊遭到破坏,严重损坏了邦联本已苦苦挣扎的供应体系。

▲ 谢尔曼进军佐治亚州的目的明确,就是为摧毁南方的补给

## 沙场新军情

因为使用相同的作战指令,南北军以相同的方式交战并不令人奇怪。双方步兵作为内战战场上最主要的兵种,都是以陆军中校威廉·J.哈迪编写的《步兵和步兵班战术操典》为模本进行训练。这本训练手册内容严肃、艰涩,用超过500多页的篇幅推演各种战场形态,介绍面对敌人时如何保持和变化战斗队形。这部操典毫无疑问已经落伍,后续修订版除了制造混乱外也没起到什么好作用,因为每位指挥官从不同版本的章节中得出了不同的结论。

譬如操典规定步兵组成方阵应对骑兵的威胁尤为过时,这是倒退到拿破仑时代的战术,随着线膛枪射程和精度的提高,骑兵向排列成行的步兵发起冲锋形同送死,这种战术早已无用武之地。

因为两边装备基本一致,交战双方都对对

方的武器了如指掌。北军后期列装的后膛装填步枪增加了自己的优势，但线膛步枪才是内战的标志性武器。这促进双方为减少危险，根据武器的改进、发挥自身优势而在新的战场上发展出新的战术。如"跃进式冲锋"替代了类似以自杀般的密集队列进攻的战术。当然，正面进攻已做好充足准备的敌方防守阵地，仍然必须付出巨大的代价。1864年11月发生的富兰克林战役，南方邦联将军约翰·贝尔·胡德派遣他的部队向联邦阵地发起猛攻，几小时内就损失了7000人。

军官队伍在内战中发挥了巨大的作用，南方在这方面更有优势（包括胡德这类军官）。战争爆发时，美国八所军事院校中的七所坐落在南方各州。

北方联邦军队的后勤保障更有优势，有更好的物流系统和供应链，能够提供更充足的食品、弹药和其他物资供应。这些优势随着时间推移而不断增加，逐渐变得势不可当。1864年11月，林肯发表了一篇演讲，让意志消沉的南方邦联各州的人听后更感沮丧。"我们现在的人数比战争开始时还要多，"他对国会说，"我们的实力正在增强，只要需要，我们会无限期地持续这场战争。"

## 安逸的南方

北方或许更有持久战的底气，但是南方邦联对自己士兵的素质与能力更有信心，同样，联邦人也有同样的自信。南方关于自己盛产出身高贵、勇猛的战士（部分是虚构，部分是传说，但至少有一些是真实的）这类想法根深蒂固。因此即使屡遭失败，南军的士气仍然高昂，他们的士兵在入伍之前普遍擅长使用枪械，不过作战经验使得对手联邦士兵也很快就熟练掌握了这项技能。

南方邦联军队早期在骑兵方面优势较大，但他们让士兵自己准备战马的传统，导致损失马匹后的骑兵要么新购入一匹马替代，要么就得改行做步兵，这造成南军骑兵数量持续减少。最后更多的骑兵沦落到去搜寻或追击逃跑的北军的境地。

炮兵连通常由6门左右的排成一排的炮组成（大多是被称为"拿破仑"的标准12磅滑膛炮），但它们在战场称霸的日子已经过去了。因为随着步兵火力的增强，炮兵遭遇敌人步兵近距离攻击的危险是致命性的。与拿破仑时代相比，霰弹枪（装有火枪子弹的金属圆筒）的使用效率要低得多，因为如果炮兵允许敌军步兵近距离使用短程弹药，他们就有被歼灭的危险。

## 北方佬和叛逆者

哪怕双方反目成仇，无论北军还是南军都有同样的生活习惯，但这并不意味着双方军队的观念或行动方式也会一致。南方邦联军人向来以自由散漫、不听军令闻名。经历了五年艰苦战斗之后，他们自认为与曾经是同胞的人已截然不同。南军骑兵指挥官内森·贝德福德·福瑞斯特将此转变归纳为战场的必然结果。

"不要被塞壬般虚妄的和平歌声所诱惑，"他激励他的士兵，"那些人如恶魔般杀害你的子女，肆意伤害你无助的家庭，恶意毁灭你的财产，现在还要奴役你们，再也不能与他们联合起来了。"北军和南军来自同样的起源地，但走向了截然不同的道路。

# 联邦军队的杰出将领

北军的将领出身各不相同,因战争拥有不同的命运与际遇。

**作者:戴维·史密斯**

## 尤利西斯·S.格兰特
击败南方邦联的坚毅将军
生卒年:1822—1885  出生地:俄亥俄州波因特普莱森特

格兰特申请西点军校时,他受洗的本名"海勒姆"因被漏写而意外地从全名中被去掉。虽然身材矮小,但他一战成名时的名字却给人留下深刻的印象。

他最早指挥的军队是伊利诺伊第二十一团,在这支部队他以纪律严明著称。1862年,在要求多纳尔森要塞驻军"无条件投降"后,格兰特名字的首字母缩写当之无愧地成为了他的绰号。

当亨利·哈勒克提任为联邦军队总司令时,格兰特指挥着自己一手创建的田纳西军团刚在夏伊洛战役留下了一项不好的记录。但格兰特又通过占领维克斯堡,以及随后一连串的胜利,为自己赢得了联邦西部战区司令的职位。后来因在瞭望山和传教士岭的再次获胜而晋升为陆军中将,并被授予总指挥一职。格兰特在一系列战役中战胜了南方邦联将军罗伯特·E.李,展现了前任指挥官所没有的坚韧不拔的精神。在迫使李率部撤离彼得斯堡后,他乘胜追击,于1865年4月9日在阿波马托克斯迫使邦联军队投降。

格兰特的伟大在于他不惜一切代价,也要坚定不移地把压力施加到敌人身上。这使认识他的人常常感到迷惑不解,他们努力想将眼前这个外表纤弱、温文尔雅的人与无情、冷酷地使邦联屈服的指挥官联系起来。

▲ 战争结束后,格兰特凭战功入主白宫,成为美国第十八任总统

## 亚伯拉罕·林肯
总统和总司令
生卒年：1809—1865　出生地：肯塔基州哈丁县

▲ 画家乔治·P.A. 希利在《1868年的和平缔造者》中描绘的林肯

林肯最值得称颂的决策是解放南方各州的奴隶，但他发动战争的最初目的仅仅是为了维护联邦统一。事实上，他在竞选时已经表明无意非难已经存在的奴隶制的州。然而，当林肯确信废除奴隶制的必要性时，他就变得坚决果敢，甚至把内战描述为上帝对邪恶贸易的惩罚。

出于政治需要，特别在内战早期，有时候林肯迫不得已要任命一些有着政治关系的将军，这让联邦面临了一些困难。林肯具有敏锐的军事头脑，他意识到一锤定音的胜利很难一蹴而就。然而，他确实想方设法让联邦的将领们，如乔治·B. 麦克莱伦积极行动起来。随着指挥官们被战火淬炼得更加坚强，他逐渐看到了胜利的曙光。然而发生在福特剧院的谋杀，中断了林肯总统带领国家重新走向统一的努力。

**战争初起时，林肯最初的目标仅仅是维护联邦统一。**

## 威廉·特库姆塞·谢尔曼
"全面战争"的拥护者
生卒年：1820—1891　出生地：俄亥俄州兰开斯特

▲ 乔治·P.A. 希利画的谢尔曼的肖像画，比许多怒目圆睁的摄影肖像更为形象，从中能捕捉到谢尔曼温柔的一面

谢尔曼自幼被参议员托马斯·尤因收养。起先是以著名的印第安酋长特库姆塞的名字命名，10岁时被改名为威廉。躁动不安的谢尔曼精力充沛，在战争中找到自己真正的使命与职责之前，一直在平凡的生活中蹒跚磨练。他对在战争中保持文明的做派嗤之以鼻，认为战争也无非是一种需要尽一切手段、尽快终止的罪恶。在他领导的著名的挺进佐治亚、南卡罗来纳和北卡罗来纳的行军计划中，他率领 6万人的军队穿越毫无还手之力的各州，贯彻了自己让平民面对战争的残酷一面的意图。在令人不寒而栗的"全面战争"落幕后，他向战败的敌人约翰斯顿将军开出了优厚的投降条件，甚至被一些北方人指控为叛国。无论是英雄、战犯还是极端现实主义者，时至今日，谢尔曼仍是一个颇有争议的人物。

**时至今日，谢尔曼仍是一个颇有争议的人物。**

## 乔治·B. 麦克莱伦
### "年轻的拿破仑"
生卒年：1826—1885年　　出生地：宾夕法尼亚州费城

▲ 麦克莱伦在这幅画中特意模仿拿破仑的形象，但未能把这位伟大的法国将军的气魄带到战场上

　　麦克莱伦以班级第二名的成绩毕业于西点军校。在墨西哥战争期间，他在战场上崭露头角，但他后来离开军队投身铁路行业。战争前夕，他被召回部队并很快被提升为总司令。他在这个职位展现出自己出色的组织天赋，但也显露出自己犹豫不决、怯懦的一面，林肯为此忧心忡忡。

　　麦克莱伦没有表现出让战争尽快结束的魄力和进取心，但他仍然在两次整编波托马克军团并重振士气方面发挥了重要作用。麦克莱伦也应该为他的远见卓识受到赞扬，他清醒地知道想要获得胜利离不开艰苦的前期准备，而且他还抵制住那些叫嚣要先发制人的政客们的煽动，那些政客并不用承担过早投入兵力的后果。麦克莱伦原本有机会在1864年的总统竞选中获胜，然而联邦军队攻克亚特兰大之后，战争朝着有利于北方的方向发展，确保了林肯赢得选举的胜利。

> **他显露出……犹豫不决、怯懦，林肯为此忧心忡忡。**

## 乔治·亨利·托马斯
### "奇卡莫加磐石"
生卒年：1816—1870　　出生地：弗吉尼亚州南安普顿县

▲ 托马斯，一位沉稳、令人信赖的指挥官，在纳什维尔赢得了战争中最为辉煌的大胜

　　托马斯和谢尔曼一同入学西点军校，参加过西米诺尔战争和墨西哥战争，1851年，他回到西点军校任教官。

　　内战爆发后，弗吉尼亚州曾招揽托马斯担任南军军官。但他依旧忠于联邦，因此家人与其断绝了关系。他以顽强不屈的防守而闻名，并将其在1863年拯救坎伯兰军团的战役中展现得淋漓尽致，获得了自己著名的绰号。

　　尽管有着沉闷和过于谨慎的名声，托马斯还是赢得了联邦最伟大的胜利之一。在两天的纳什维尔之战中，他彻底击败了自己在西点军校的学生约翰·贝尔·胡德。邦联的田纳西军团几乎全军覆没，再也未能重上战场。这被认为是整个内战中唯一的歼灭战。然而托马斯并非追名逐利之人，在战后的喧嚣热闹中，他基本上淡出了人们的视线。

> **内战爆发后，他依旧忠于联邦，因此家人与其断绝了关系。**

# 南方邦联军队的杰出将领

因为拥有一支优秀的军官队伍，
南方邦联军指挥有方，弥补了其军队人数较少的不足。

作者：戴维·史密斯

## 罗伯特·爱德华·李

南方的象征

生卒年：1807—1870　出生地：弗吉尼亚州斯坦福

▲ 李将军和他那匹最著名的"旅行者"——一匹灰色的美国骑乘马

极少有像罗伯特·爱德华·李将军这样在战争中获得显赫声名的人物。作为一名受人敬仰的指挥官，他一度是南方风度和优雅礼仪的典范。他以优异的成绩从西点军校毕业，内战前一直在美国陆军服役，表现优异。内战爆发后他辞去联邦的职务，转而指挥邦联的北弗吉尼亚军团，并获得显著战果。身为玛莎·华盛顿的直系后裔，美国独立战争时期大名鼎鼎的骑兵指挥官"轻骑兵哈利"亨利·李的儿子，他身处美国最顶级阶层。

如果说李有什么缺点的话，那就是他喜欢进攻。他或许能用拖延战争的手段激发对手的厌战情绪而获胜，但恰好相反，李更渴望夺取引人注目的胜利成果，他认为这对确保邦联得以独立至关重要。这种咄咄逼人的做法导致了部下的大量伤亡，南方各州再无力承担这一后果。他作为军人对荣耀的追求，与近一个世纪前大陆军与英国人的斗争如出一辙。但是美国人的先辈取得了萨拉托加战斗的胜利从而让美国独立，而李将军为邦联夺取决定性胜利的努力却在葛底斯堡惨败。

李将军在战争初期与北方邦联的对手周旋游刃有余，但随着部下人数的不断减少，他的指挥越来越受到限制，他所追求的不断进攻的战术使他陷入了防守的泥淖。

战后，他担任华盛顿大学的校长。

# 杰斐逊·戴维斯

#### 南方邦联的唯一总统
生卒年：1808—1889　　出生地：肯塔基州费尔维尤

▲ 年迈的疲于战事的戴维斯肖像画，战后由丹尼尔·亨廷顿绘制

作为南方邦联的唯一一任总统，以及南方邦联军队的总司令，杰斐逊·戴维斯肩负着艰巨的使命，导致他的健康状况日益恶化。

戴维斯是一个军事天才，曾经因为美墨战争英勇负伤，并作为英雄归来。后来，他在自己的政治生涯中充分利用了这一优势。他主张必须扩大蓄奴州的势力，以平衡北方自由州的数量。在军事战略方面，戴维斯主张南方全面抵抗北方。他意识到己方无法召集到与联邦相同数量的士兵，于是他力主将军队分别布防在两个主要方向，以便迅速应对来自不同方向的危险。尽管这是一个明智和可行的计划，但因为北方有能力在南方领土实施多次的进攻而导致失败。

戴维斯战后仍然傲气凌人，他在被短暂监禁后因健康恶化而获释。他从未宣誓效忠联邦。

## 戴维斯在美墨战争中受伤，作为英雄归来，并在他的政治生涯中充分利用了这一优势。

# 约瑟夫·E. 约翰斯顿

#### 南方邦联中最伟大的将军
生卒年：1807—1891　　出生地：弗吉尼亚州法姆维尔

▲ 约翰斯顿肖像画，1860年本杰明·富兰克林·莱因哈特绘

约翰斯顿是西点军校毕业生，与罗伯特·爱德华·李是同班同学。他在46名毕业生中成绩排名第十三，而李则是全班第一。他后来因运气不佳而名声大噪。"约翰斯顿是一名伟大的士兵，"温菲尔德·斯科特将军说，"但他的运气总是不太好，几乎在每一次战斗中都中弹。"

约翰斯顿逐渐成长为一名极为谨慎的将军，他指挥军队的方式和他打猎的方式一样——除非能确保取胜，否则他从不主动进攻。

他这种谨慎的性格意味着他避免在取得优势前主动发起进攻行动。相反，他更擅长顽固的防守，这在牵制联邦谢尔曼将军进攻亚特兰大的时候表现得淋漓尽致。

如果他下令进攻，他的部下都相信己方大有胜算，因而士气高昂。因为深受士兵的爱戴，许多同僚称其为南方有史以来最伟大的将军。

## 约翰斯顿的运气总是不太好，几乎在每一次战斗中都中弹。

## 约翰·贝尔·胡德

#### 南方的悲剧代表
生卒年：1831—1879　出生地：肯塔基州奥文斯维尔

▲ 胡德是一个表情阴郁的人，他只懂得进攻，他的部下因此苦不堪言

胡德的声名在战争期间大起大落。作为一名富于侵略性的指挥官，他的作战方法令他获得关注与晋升，但也为此付出了可怕的代价。

胡德在西点军校时是一名普通的学生，以52名学生中的第四十四名毕业，从未掌握过复杂的军事后勤保障和组织工作技能。

因为在安提塔姆战役和弗雷德里克斯堡的七天战役中的表现，他引起上级的关注并很快得到提拔。在葛底斯堡他失去了左臂，在切卡莫加又失去了大部分右腿。亚特兰大保卫战中，他暗中削弱了自己的上级约瑟夫·E.约翰斯顿的势力，被任命为田纳西军团的指挥官时刚刚33岁。他立刻发动的进攻被谢尔曼将军彻底击败。随后，胡德带领他的军队进入田纳西州，正面攻击富兰克林时又一次伤亡惨重，最后惨败于纳什维尔。而谢尔曼则带领他的部队穿过毫无抵抗的佐治亚州，展开了他成功但又颇具争议的"全面战争"。

### 胡德将军从未掌握过复杂的军事后勤和组织工作技能。

## 内森·贝德福德·福瑞斯特

#### 骑兵天才
生卒年：1821—1877　出生地：田纳西州贝德福德县

▲ 福瑞斯特是一个非常聪明的人，被认为是创造了"用最快的速度率先到达"这句军事格言的人

西点军校的毕业生在两军的军官中都占有一席之地。与之形成鲜明对比的是，福瑞斯特没有上过军校，也没有接受过多少正规教育。然而，他是一位卓越的骑兵指挥官，被认为是美国历史上最好的骑兵。他也是一个存在争议的人物，据说他下令射杀了30个人和几乎同样数量的战马。他讨厌被管束，习惯我行我素。

福瑞斯特是在多内尔森要塞从格兰特手中逃脱的少数人之一。1862年，他平步青云，成为田纳西军团骑兵旅的指挥官。他精通突袭战术，尤其擅长敌后突袭。他掩护胡德进攻田纳西州，又在胡德走投无路时，掩护他撤退。战后，他因任"三K党"的党魁而名誉受损。

### 他没有上过军校，也没接受过多少正规教育。

# 第一次布尔溪战役

第一次爆发的南北大战狠狠地打击了北方联邦军队，引燃了南方各州的叛乱之火。

## 弗吉尼亚州 1861 年 7 月 21 日

**作者：查尔斯·金杰**

第一次布尔溪战役是美国内战中南北双方爆发的第一场大战，结果给了那些期待叛乱很快结束的人当头一棒。此战夺去了大约850人的生命，并导致无数人重伤残疾。

内战迅速升级，1860年11月亚伯拉罕·林肯赢得总统大选之后，他就发誓将奴隶制从刚并入美国版图不久的西部地区赶出去。尽管他在总统就职演说中保证"无意干涉美国现存的奴隶制制度"，但南方的许多州还是感觉受到威胁，它们担心北方最终会寻求彻底废除奴隶制。而以农业经济为主的南方，其发展的基础又少不了奴隶的劳动。南卡罗来纳州、密西西比州、佛罗里达州、亚拉巴马州、佐治亚州、路易斯安那州和得克萨斯州率先脱离了联邦，但内战直到1861年4月12日才爆发。南军炮击了萨姆特要塞，这是一座可以控制南卡罗来纳州查尔斯顿港的岛屿要塞。为此，林肯总统下令招募7.5万名志愿者参军平叛。作为对联邦展示武力的回应，另外四个州（弗吉尼亚州、阿肯色州、北卡罗来纳州和田纳西州）随后加入了南方邦联。

为对抗来自南方的压力，麦克道尔少校被提升为准将，负责弗吉尼亚州东北部的战备。虽然麦克道尔认为刚招募的3.5万名新兵还需要进行大量的训练，但来自政治方面的压力迫使他不得不发起进攻。

麦克道尔计划率领部队于1861年7月16日从华盛顿特区出发，去包抄驻扎在25英里外布尔溪的南方邦联军队。但糟糕的是，南方邦联一位名叫罗斯·奥尼尔·格里诺的间谍掌握了联邦的作战计划，并将情报传递给邦联的博雷加德将

军。麦克道尔察觉到对方援军正通过铁路从谢南多厄谷前往支援博雷加德,他决定先发制人,发动进攻。7月21日上午5时15分,联邦军队开始炮击博雷加德的军队。

正吃早饭的博雷加德差点被呼啸而至的炮弹击中,他立刻警觉起来,试图设法保护自己暴露在外的左侧兵力,以此来反击联邦军的进攻。而他也在等待原定中由自己右翼部队向联邦军队左侧发起反攻的消息。但反攻实际上并没有实现,因为他的命令并没有送达部下手中。当威廉·T.谢尔曼上校指挥的一个旅越过布尔溪支流开始进攻南方邦联军的右翼时,南军的防线崩溃了。仅有托马斯·杰克逊(此战为他赢得了绰号"石墙")等人率众孤注一掷地抵抗,才阻止了联邦军队的趁势屠杀。

及时赶到的援军给邦联军带来了足够多的幸运,使他们得以在亨利豪斯山的山坡上建立起防线。在挡住麦克道尔的进攻后,邦联军队于下午3点左右扭转了不利局势。弗吉尼亚第三十三团攻占了一个联邦军队的炮兵连阵地,迎来本次战役的转折点,并最终于一小时后将北方联邦军队击溃。

联邦的失利令战前信心十足的北方各州十分震惊,原本乐观地认为能迅速结束冲突的人立即打消了这种一厢情愿的想法。双方的第一场大战非但没能让南方邦联化为泡影,反而燃起了叛乱的烽火,使美国陷入了长达四年的混乱,并夺去62万人的生命。

# 第一次布尔溪战役

**05 麦克道尔的致命错误**
麦克道尔判断被困在山上的邦联军队毫无逃脱的希望,于是过于自信的他发出一个致命的错误命令,他决定让炮兵持续炮击山顶的敌军,而不是占领他面前的阵地。

**09 被迫下山**
下午4点左右,残余的联邦部队终于冲出亨利豪斯山,四散逃逸。与此同时,指挥着一个旅的奥利弗·奥霍华德上校发现自己在进攻钦恩岭(位于主战场西侧)时走错了方向。来自谢南多厄河谷的两个邦联旅刚到达战场。看到敌人的溃败,博雷加德将军命令全军向前推进,这场大胜已在他的掌握之中。

**07 扭转劣势**
坚守住阵地后,邦联军队抓到一个可以扭转战局的机会,使敌人炮台熄火。弗吉尼亚第三十三团顶着联邦方面冰雹般肆虐的炮火,在付出可怕的伤亡代价后攻占了查尔斯·格里芬上尉的炮兵连阵地,使得联邦军队的炮兵哑火。查尔斯·格里芬上尉当时为了用炮火压制包围南军,将他麾下的两门炮派到了阵地最南端突前的位置。邦联军队的这次胜利还俘获了联邦第一炮兵部队的詹姆斯·里基上尉炮兵连。

**06 "石墙"到来**
托马斯·杰克逊带领邦联军队的增援部队到达。他从中午到下午2点一直为保卫邦联的阵地而血战,他著名的绰号因此战得名。据称,杰克逊誓言"让联邦人品尝我们刺刀的味道"。在战斗中牺牲的巴纳德·比准将曾对他的部下喊道:"杰克逊像一堵石墙岿然不动,只有我们抱着必死的决心,才能攻克他。"

**08 激战**
联邦军队不顾一切想要堵住被邦联一方在侧翼撕开的口子,他们派步兵向已高奏凯歌的敌人发起冲锋,随后发生激烈的战斗,联邦炮兵阵地数次易手。杰克逊让士兵"像复仇女神一样怒吼"!在他的带领下,当邦联军队冲垮联邦军队时,"造反者的呐喊"响彻天空。

**04 挺身而出**
幸运的是,埃文斯和他的战友们得到了约翰·D.伊姆博登上尉带领的炮兵连支援。炮兵持续向追击的联邦军队开火,使得联邦军队得以在亨利豪斯山建立防线,避免了部队发生全线溃败。

▲ 为击败南方,美国陆军总司令温菲尔德·斯科特将军制定了名为"水蚺计划"的战略

# 取胜之道

北方的战略基于海军封锁沿海地区和占据密西西比河，从而扼杀南方邦联的经济。

**作者：马克·德桑蒂斯**

1861年4月，内战随着蓄奴州脱离联邦加入南方邦联而爆发。总统亚伯拉罕·林肯宣布从海上对南方实施封锁。封锁线从弗吉尼亚的波托马克河开始，沿着海岸线，一路绕过佛罗里达，到达南得克萨斯的格兰德河河口为止。74岁的美国陆军总司令温菲尔德·斯科特主持制定了联邦方面打败邦联的基本战略。

斯科特的首要任务是制定出一项反制南方的一致行动作战方案。最初的方案由年仅34岁的乔治·麦克莱伦将军起草。他于1861年4月下旬将作战方案送交斯科特。这份计划构想了一场短兵相接的战争，两支独立作战的联邦军队将从不同方向朝南方发动进攻。每支军队都会粉碎在自己进攻方向上遇到的所有邦联军队的抵抗，

▲ 一位联邦画家于1861年描绘的"水蚺计划"示意图

**斯科特不赞同入侵南方的想法，他认为如果攻入南方，实际上会严重地阻碍解决分裂危机。**

▲ 联邦海军对邦联实施的海上封锁阻止了南方棉花对英国的出口，给英国的纺织业造成了不利的影响

并在南方各个地区所向披靡，最终顺利取得胜利。斯科特对麦克莱伦的方案极为反感，认为计划过于乐观。斯科特在这个计划中加入自己的想法。1861年5月2日，经过重大修改的计划提交给了林肯总统。斯科特评价道，位于南方的邦联将被"沿密西西比河与俄亥俄河交汇处一直到入海口设立的封锁线和环沿海地区的封锁舰队"所包围。

斯科特也警告说："这项作战计划的最大障碍——我们现在面临的巨大危险——是我们的爱国者和忠于联邦的盟友们求胜心切。"忧心忡忡的斯科特写道，人们不断要求"不计后果地立即采取有力行动，而这正是我所担忧的"。斯科特也不赞成入侵南方的想法，他认为如果攻入南方，实际上会严重地阻碍解决分裂危机，因此要搁置入侵南方的想法。

斯科特的作战计划被北方的报纸不断地宣传，并被命名为"水蚺计划"。这个名字来源于南美的一种蟒蛇，它通常会慢慢地绞杀自己的猎物，使其窒息而死。俄亥俄州辛辛那提的一位版画家绘制了一幅被一条巨蛇缠绕的南方邦联地图，并将其命名为《斯科特的大蛇》。一般来说，北方那些较为保守的人赞同实施"水蚺计划"，但激进的报纸通常并不认同这一计划。一家报纸预测，那些亲联邦的南方人将"被打垮……早在水蚺缠绕住整个国家之前"。另一份报纸则敦促立即采取行动，它一直坚持宣扬自己"进军里士满！进军里士满！"的观点。

因此，要求联邦迅速采取行动的压力十分大。后来在美国陆军担任过最高职位的威廉·特库姆塞·谢尔曼，曾与斯科特将军交谈过，并认同他上级的判断。"斯科特将军知道自己在做什么，"谢尔曼确信，但他也有担心，"有这么多的人在逼迫着他，他说自己可能会被'急躁'将军打倒。"不像许多北方人的看法，斯科特认定这将是一场漫长的战争。

### "水蚺计划"的行动步骤

除了宽泛的概要外，斯科特没有透露"水蚺计划"的大部分细节。正如亚伯拉罕·林肯曾说过的那样："斯科特不会让我们这些局外人知道他的任何计划。"那年5月，斯科特向林肯大致解释了他的策略，包含四个主要行动步骤。第一步，美国海军将根据总统上个月的命令全面封锁南方邦联的海岸线，切断南方与外界的所有联系。斯科特知道南方的大部分收入来自棉花和烟草的出口贸易。切断他们的海外交通必然会削弱

**斯科特并没有预见到会多次与邦联军队爆发大规模的战役。**

## 实施封锁

南方走私快船突破联邦封锁线，从外界获得物资补给。

南方人在面对北方联邦封锁扼杀自己的经济时，他们并没有坐以待毙。南方人使用快船突破封锁线，与外界开展贸易。在早期联邦封锁线还没收紧到令人窒息的程度时，偷越封锁线的走私船在一次航行中就可以获得超过700%的惊人利润。

典型的叛军走私船是蒸汽动力驱动螺旋桨或侧明轮前进的船只。它们没有桅杆，常常被涂成灰色，可以更好地隐藏在浩瀚的海洋背景色中。来自英国等中立国的货物预先存放在距离邦联较近的中立国港口，如古巴、百慕大和巴哈马，以便邦联走私船提取和运回。走私船在港口装载货物时是受到保护的，联邦不能攻击它们。但走私船离开港口驶进公海后，将时刻面临着联邦军舰的威胁。

不过，并不是每一艘突破封锁的走私船都用来运输物资，有些被改造成专门劫掠商船的私掠船。邦联海军"佛罗里达"号就是其中一艘臭名昭著的偷渡走私船。这艘700吨的舰船是应邦联的要求在利物浦建造的，然后以"奥雷托"为名驶往巴哈马群岛，在那里它获得了从英国单独运来的枪支和弹药。1862年8月，它撤下英国国旗，取而代之的是邦联的国旗，并更名为"佛罗里达"号，专门执行在公海上劫掠联邦商船的任务。

不过，"佛罗里达"号首先需要找到足够多的水手。大批的船员因为黄热病死亡，甚至船长约翰·纽兰·马菲特中尉也病倒了。为了让船上所有的人在死于

▲ 邦联"佛罗里达"号两次突破联邦封锁线，在将近两年的时间里一直是联邦航运的危害

非命前找到一个庇护所，马菲特指挥"佛罗里达"号在白天胆大妄为地冲进了亚拉巴马州莫比尔港。尽管遭到联邦封锁舰队的多次攻击，"佛罗里达"号还是在1862年9月3日安全入港，这使得联邦海军极为难堪。

1863年1月，经过装配船只和增加更多水手后的"佛罗里达"号，再次成功突破了联邦的封锁线，驶离莫比尔港。接下来的两年里，在它被一艘联邦军舰撞沉之前，"佛罗里达"号击毁了大量的美国商船。但邦联政府没有将偷渡走私船会集起来集中指挥，而是交由私人个体负责。因此走私船倾向于运送能卖出高价的货物，而不是邦联最需要的战争物资。

邦联方面进口武器和其他军事物资的能力。

第二步，全面占领并控制住密西西比河，将邦联位于西边的路易斯安那、阿肯色和得克萨斯等叛乱州与东边的各州一分为二。第三步，对部署在弗吉尼亚州内的邦联军队施加毫不留情、最大的压力。最后一步，联邦海军与陆军开展协同作战，调运部队，并用海军炮火支援陆军实施登陆作战。

但在内战的实际进程中，斯科特并没有预见到会与邦联军队先后多次爆发大规模的战役。斯科特的目标是用经济手段镇压对方。他陈述道："我们很大程度上依赖于对大西洋和墨西哥湾港口的完全封锁。"在封锁的配合下，联邦军队将发动一场"沿密西西比河到海洋的强力进攻"。斯科特认为，南方邦联将因此被全面包围，生命损失将被控制在最低限度。

## 封锁

确定封锁邦联的战略目标后，如何实行封锁的实际问题就突显出来。具有讽刺意味的是，由于早些年开展的军事行动，美国海军对墨西哥海岸与非洲海岸的掌握程度要远远高于对本国海岸的了解。联邦海军部长吉迪恩·韦尔斯召集起专

▲ 1862年4月，美国海军舰队司令戴维·格拉斯哥·法拉格特占领了密西西比的新奥尔良港

门的委员会，以整理、汇编所有国内政府档案中记录的关于南方海岸的信息。这个委员会也以"封锁委员会"闻名。1861年的夏秋两个季度里，封锁委员会就有关南方邦联海岸线的自然情况一共提交了七份报告。这些报告随后被整合入"水蚺计划"。

封锁委员会的正式建议之一，是必须夺取弗吉尼亚州汉普顿锚地和佛罗里达州基韦斯特之间的海军基地。联邦封锁舰队在此将获得修整的基地，可以在此补充蒸汽动力战舰的燃料——煤，并修理舰船。封锁线也能因为这些额外获得的基地而得到加强，并有助于向外界证明联邦仍然完全控制着全美国的海岸线。因为欧洲人对待叛乱的态度对林肯政府有着非常重要的影响，他们

▲ "SS女妖"号，一辆蒸汽动力的侧轮邦联封锁船

不希望邦联以一个独立国家的身份获得外交上的承认。

根据大西洋沿岸的自然特性，封锁委员会还建议应该以北卡罗来纳和南卡罗来纳的州界为界线，设置分隔的警戒区，组织两支独立的分遣舰队在各自的区域内进行封锁。封锁委员还指出哈特勒斯湾是南方走私船突破封锁线的出入口，应予以占领。同样，还要加强对墨西哥湾沿岸的警戒。委员会认为联邦沿着漫长的海岸线仅有基韦斯特一个军事基地。这个基地距离邦联位于亚拉巴马州莫比尔和路易斯安那州新奥尔良的主要港口都非常远。建议联邦应该占领一个靠近这两个港口的基地，基地的最佳位置正好位于密西西比州海岸这两个港口之间的船岛。

虽然封锁永远也不可能做到无隙可乘、滴水不漏，但它的实施确实对南方本身，以及与北方作战的能力产生了严重而又迅速的影响，南方的军火储备在封锁后不久就开始减少。

▶ 联邦少将尤利西斯·S.格兰特1863年7月攻占邦联的维克斯堡据点

▲ 夺取维克斯堡是"水蚺计划"的最高成就

## 打通密西西比河

西部战区的密西西比河是"水蚺计划"的另一个关键之处。斯科特将军曾呼吁联邦军队沿着大河循序渐进,步步为营,直到全面控制住从北方的俄亥俄河一直到墨西哥湾入海口的整条河流。这不仅会让邦联的西部各州与东部各州首尾不相顾,而且还能让位于上游的北方农场主利用穿行在这条庞大水运干道上的船只,将他们的农产品运往更远的市场。

要全面控制住密西西比河的任务变得异常困难,因为联邦军队不可避免地要逐个清除沿岸的所有邦联军队的据

▲ 詹姆斯·梅森,1862年11月在英国邮轮"特伦特"号上被逮捕的邦联特使之一

点。叛军布置在港口的一个独立的蒸汽战舰炮兵阵地就可能阻挡住联邦方面顺河而下进入海湾,而这个阵地还可以用作邦联军的中转站。因此,除了由联邦完全控制住大河外,别无其他可行办法。在战争初期的西部战场,联邦军队的主要作战行动就是夺取从伊利诺伊州开罗,南至新奥尔良的这段河流的控制权。

在付出了大量的人员伤亡和费用开支之后,联邦最终控制住整条密西西比河。1862年4月北方拿下墨西哥湾的出口,是征服这条水路的重要一步。一支由旗舰司令戴维·格拉斯哥·法拉格特指挥的联邦舰队,勇敢地冒着控制住河口的

两座要塞的炮火，击败了叛军驻扎在此的舰队，并向上游挺进以夺取新奥尔良。

联邦现在控制着密西西比河的出海口，但直到1863年7月攻下维克斯堡，整条河流才被北方真正掌控。维克斯堡位于一个居高临下、对控制河面极为有利的位置，尤利西斯·S.格兰特将军经过一场旷日持久的战役，将这座城市紧紧围困住，并最终迫使它投降。

## 外交与联邦胜利

美国内战既是一场军事冲突，也是一场外交斗争。美国政府努力阻止外国政府在外交方面承认美利坚联盟国，从而防止它们堂而皇之地给南方提供大量的军事援助。

然而，1861年年末，内战才刚刚爆发几个月，一起戏剧性事件就差点引发糟糕的局面。一方面是极有可能促使外国承认邦联，另一方面是同另一个大国宣战。事件起因是美利坚联盟国杰斐逊·戴维斯总统派出两名特使——詹姆斯·梅森和约翰·斯莱德尔出访欧洲。他们的首要任务是促使英国出面，设法终止联邦对南方港口的封锁。南方不能出口棉花，特别是无法出口到英国这个巨大的市场，削弱了南方获取支撑战争所需资金的能力。而且影响还远不止这一点，封锁对英国的纺织业产生了严重的不利影响。梅森和斯莱德尔当时正乘坐英国蒸汽邮船"特伦特"号横渡大西洋前往英国，在距离古巴不远的海面被查尔斯·威尔克斯担任船长的美国军舰"圣哈辛托"号拦截。威尔克斯当场抓捕了梅森和斯莱德尔，他认为邦联特使负责传递消息，肩负着军事任务。因此，从中立国船只上带走他们就有着合理的解释，可以将他们作为"战时违禁品"加以扣押。

然而，根据国际法条款，威尔克斯搜查一艘中立国船只和扣押特使显然是违法的行为。扣押行为在英国引发了一场抗议风暴，引起一些关于宣战的激烈争论。这种局面带给北方的自然是灾难性的后果，而对南方而言，则有着完全意料之外却又能欣然接受的好处。

因为一名海军上校未经批准的行为，美国深陷严重的外交危机之中。威尔克斯从"特伦特"号上抓走梅森和斯莱德尔，让许多希望镇压叛乱的北方人感到欢欣鼓舞。威尔克斯被许多市民当作英雄人物而广受欢迎。《纽约时报》甚至建议授予船长一枚勋章。深受大众拥戴的威尔克斯让林肯政府应对危机变得更加棘手。

相比之下，南方人则乐于听到这个消息，但原因是他们认为这将使英美之间的关系恶化，对南方更加有利。杰斐逊·戴维斯毫不怀疑扣押特使是对英国的侮辱。他对邦联的国会说："这艘船上的绅士们，身处英国的旗帜下，就像在英国的领土上一样，受英国政府的管辖。"

▲ 约翰·斯莱德尔，1862年11月在英国邮轮"特伦特"号被带走的第二名邦联特使

许多英国人赞同戴维斯的观点，认为威尔克斯的行为是对英国的冒犯。英国内阁在向华盛顿方面通报这一事件时，还不知道对这一挑衅做出怎样的回应更为合适。如果他们的抗议过于激烈，林肯就没有后退余地，不能保全颜面从容退让。但如果态度过于温和，英国政府对美方登临"特伦特"号检查和扣押邦联特使事件的愤怒，

▲ 一艘莱尔德式撞角战舰，被英国政府没收后，交由皇家海军命名为"威文"号

就不会得到美国方面真正的重视。

最重要的是，英国内阁希望美国就在公海上拦截英国船只以及扣押梅森和斯莱德尔事件道歉。致歉信必须在收到信函后七天内送达，否则英国不惜与美国开战。撰写这封函件的任务交给了英国外交大臣约翰·罗素勋爵，但罗素的信函措辞没有让任何人满意。内阁随后决定向华盛顿发出两封不同的信函。一封表示对美国登临"特伦特"号进行检查的不满，而另一封则要求美方的道歉，并威胁说如果不道歉就开战。

英国内阁未能就这两封信函中的任何一封达成一致。这两封尚未完成的函件都被送到维多利亚女王和因感染伤寒濒临离世的艾伯特亲王面前。艾伯特认为原信件言辞表达过于激烈，应该改善。亲王建议他们在信中示意是威尔克斯没有按照美国政府的指令而擅自行事，从而给林肯政府一些挽回颜面的机会。

罗素向英国驻美国大使理查德·莱昂斯勋爵明确表示，美方必须释放两位被羁押者。如果不满足这一条件，即使对扣押事件表示歉意也无济于事。

在英国内阁等待答复之际，英美之间爆发战争的可能性已近在咫尺。战争的前景并不令人乐观。如果战争爆发，英国担忧美军将会入侵加拿大。于是在1861年12月，英国往加拿大派遣了约1.1万名士兵备战。

**如果英美之间爆发战争，拥有世界上最强大舰队的英国皇家海军，将会很快打破联邦的封锁，南方的分裂也将取得成功。**

# 莱尔德式撞角战舰

邦联谋求在利物浦建造蒸汽铁甲撞角战舰的企图是怎样被挫败的？

战争期间总有一些给英美双边关系造成麻烦的事情发生。联邦的封锁限制了南方棉花出口到英国，从而导致英国纺织厂工人失业。而由于邦联没有自行建造军舰的能力，于是寻找国外公司为自己建造。拥有规模庞大的现代造船业的英国，显然是一个合适的目标。南方采购代理商詹姆斯·布洛克与利物浦莱尔德公司签订了为邦联舰队建造两艘蒸汽动力铁甲撞角军舰的合同。两艘船的船头做了加强处理，可以发动毁灭性的撞击攻击。

然而不久后，美国驻英国大使查尔斯·弗朗西斯·亚当斯，前任美国父子总统的孙子和儿子，便得知了南方的这一订单。他向英国政府提出抗议，英国为邦联造船打破了自己的中立地位。1862年9月5日，亚当斯明确表示，如果英国政府不采取行动，美国和英国之间就会发生战争。自从林肯政府在1861年底的"特伦特"号事件中做出让步以来，形势已发生了变化。联邦舰队现在变得更加强大，如果爆发战争，英国商船将会遭受攻击，加拿大显然也非常容易遭到美国入侵。9月8日，英国政府下令莱尔德公司终止撞角军舰的建造工作。

1863年6月，百折不挠的布洛克为撞角军舰找到了一个傀儡买家。名义上是为埃及的总督建造，由两家法国银行提供造船贷款。这些撞角军舰完成后，最后将行驶到海上，再交由邦联的水手操纵。警惕的亚当斯发现了这个诡计，及时向英国政府提出抗议，使这个计划胎死腹中。1863年10月这两艘撞角战舰被扣押。1864年，在给予法国银行适当补偿后，两艘战舰入役英国皇家海军。

▲ 查尔斯·弗朗西斯·亚当斯阻止了南方获取莱尔德式撞角军舰

同样，美国也承受不起再打另一场战争的压力。对战争的恐慌已使得美国政府不可能再依靠销售债券承担当前与南方开战的费用。此外，如果英美之间爆发战争，拥有世界上最强大舰队的英国皇家海军，将会很快打破联邦的封锁，南方的分裂也将取得成功。

林肯总统知晓与英国开战是不明智的决定。国务卿威廉·苏厄德给英国的回函于1861年12月27日送达里昂。苏厄德把"特伦特"号事件的责任完全推到威尔克斯身上，认为船长没有找法庭裁决这一扣押事件是犯错在先。梅森和斯莱德尔被释放，于1862年1月1日乘坐皇家海军军舰前往英国。

林肯表现出了真正的战略意识，让一场代价高昂且不必要的战争得以避免。他意识到内战的真正目的是将南方各州重新合并到联邦，如果能与英国保持和平，将更有利于这一目标的实现。

# 非洲裔美国人和内战

黑人士兵参加了美国内战中的450次战斗,他们通过对偏见的斗争,证明了自己的勇气。

作者:威尔·劳伦斯

联邦海军率先在欢迎各种肤色和信仰的人入伍方面做出了表率。战争伊始，海军就提供了厨师、船舱服务员、消防队员和运煤工等岗位接纳这类特定的人群。但海军仍想在岗位范围上有所突破，1861年，"明尼苏达"号军舰任命了一批逃亡来的奴隶担当炮手。到了1862年5月，南卡罗来纳的一位名叫罗伯特·斯莫斯的奴隶成功将一艘快船送到了查尔斯顿港外的联邦封锁舰队，并最终被任命为联邦海军领航员。

但在当时，领航员罗伯特·斯莫斯其实并不能留在军队中服役。自从战争爆发后，让黑人军队参与对南方的陆上作战的想法就一直在联邦军队中酝酿。毕竟，正如一位内战历史学家所指出的那样，"全副武装的黑人确实是南方噩梦的根源"。然而，大多数人认为这场冲突是一场"白人间的战争"。陆军部拒绝考虑招募任何黑人士兵，哪怕他们已在联邦征兵办公室前组织起成百上千人的游行，渴望在对南方宣战后志愿加入军队。

黑人军队虽然参加过美国独立战争和1812年的战争，但对他们的偏见仍然在美国盛行。自1792年起，黑人就被禁止加入州民兵组织，而正规军更从未招募过黑人。在早期发生的冲突中，参与作战的都是一些非正规军。黑人在北方各州依然受到怀疑和蔑视，特别是那些与他们竞争相同工作的白人穷苦阶层。

林肯于1863年1月1日签署《解放黑人奴隶宣言》，允许武装已获得自由的奴隶。但这份宣言在南北两边都不得人心。绝大多数北军认为他们是为了联邦的延续而战，而不是为了去解放南方奴隶。甚至林肯的宣言也对此做出限制："黑人军队驻守要塞、阵地、车站和其他地方。"实际上，用一位著名的战争历史学家的话来说："这些黑人军队必须参加的第一场战斗就是为了有机会在战斗中证明自己。"

**陆军部最初拒绝考虑征召黑人入伍，尽管他们成百上千地到征兵办公室前游行，渴望成为志愿军。**

事实证明他们做到了。在林肯发表宣言之前，路易斯安那州、堪萨斯州和南卡罗来纳州就已经组建了由自由人身份黑人组成的五个团。后者由陆军部正式授权的第一批南卡罗来纳州志愿军组成。1862年10月，堪萨斯人在密苏里州发生的一次小冲突中参战，其中10人成为第一批伤亡的黑人士兵。

1863年1月，南卡罗来纳州第一批志愿军在位于佛罗里达州和佐治亚州之间的圣玛丽河上发动突袭。战斗取得的效果让他们的指挥官金森上校这样写道："现在这个团的军官都不怀疑，取得作战成功的关键在于不限制雇佣黑人参加军队。"而参与突袭行动的一艘船的领航员正是罗伯特·斯莫斯。

随着时间的推移，林肯征用黑人士兵的想法越来越坚定。早在1863年3月，他就写道："在密西西比河岸边训练有素的5万名黑人士兵如果投入作战，将会立刻终结叛乱。"

黑人士兵第一次被征召参加重大战役时，他们毫无意外地证明了自己的价值。这场战役于1863年5月27日早晨在哈得孙港打响。联邦路易斯安那州派出的两个团的黑人克服了经验不足等困难，向邦联军防线发起了三次冲锋。联邦士兵遭到令人痛苦的打击，共计37人战死，155人受伤，但他们也赢得了荣耀。

黑人士兵随后在附近的米利肯湾交战中表现

▲ 1864年在弗吉尼亚州詹姆斯河艾特肯岸边疗养的联邦黑人士兵

得更好。洛伦佐·托马斯将军作为招募黑人士兵强有力的支持者,他统领的得克萨斯军团包含了三个团的黑人士兵,包括路易斯安那州第九与第十一步兵团和密西西比州第一步兵团。这些士兵使用着过时的滑膛枪勇敢作战,并在联邦炮艇的支援下,将邦联军队击退。

战争部助理部长查尔斯·A. 达纳对他所目睹情形的印象深刻,他写道:"黑人的勇敢……彻底改变了军队对雇佣黑人士兵的看法。"

与此同时,一位属于南方邦联的女士写下了她的感触:"得州人被一支由白人和黑人北方佬组成的杂种部队打败,一定是搞错了。"

的确没错,在整个战争期间,黑人军队以出色的表现得以继续服役。几周后,沿着米利肯弯道,黑人士兵在瓦格纳要塞攻坚中再次展示出勇气。邦联已经在这建造了巨大的土木工事,而被一位历史学家描述为"北方黑人模范团"的联邦第五十四马萨诸塞步兵团,则被指派来攻占这座防御工事。

这场进攻开始于7月18日晚上,防守方的邦联军一直将联邦士兵放到近处才突然一齐猛烈地开火进行阻击,将联邦军队打得七零八落。第五十四步兵团伤亡极为惨重,损失了近一半的兵力,包括废奴主义领袖罗伯特·肖上校也被击中心脏而牺牲。

第五十四步兵团摸黑在瓦格纳胸墙坚守了一个小时,直至击退南军的反攻。然而战斗过程非常凶猛,以至于《大西洋月

## 黑人军队与南方邦联

**令人惊讶的是，第一批扛着武器的黑人军队志愿加入了邦联军队……**

路易斯安那州是南方邦联中唯一一个黑人人口接近自由州的。1861年5月，随着一批自由黑人的到来，一群人联合起来建立了志愿民兵，自称为黑人自由人团。志愿者们想表达他们对国家的奉献和服务的意愿。

然而，州长宣布他的感激之情时，任命了一位白人上校来指挥他们，而邦联政府也并没有正式承认他们。他们必须自己解决武器和制服。也没有证据表明这个团曾真正地朝联邦军队开过火。

1862年4月25日，当代表联邦的船抵达城市另一边时，这个团被约翰·L.刘易斯将军下令彻底解散，而在此之前他们已经经过了数次的解散和重建。

在其他地方，邦联雇佣奴隶作为军队的劳动力使用。种植园主负责为被征召入劳工团队的人提供报酬。尽管这被证明是非常不受欢迎的政策——奴隶是一种昂贵的商品，但许多奴隶还是被招募进来。后来许多奴隶被遗弃，而作为战时禁运品，联邦军队觉得自己没有义务把他们交还给他们原来的主人。

随着战败的迫近，邦联就是否征召奴隶入伍的问题展开了辩论。罗伯特·E.李将军最终也加入了这场争论，他认为唯一的方法就是征召黑人士兵来维持战争。1865年3月，邦联国会颁布法令，规定奴隶主必须将25%的奴隶用于服兵役。两个连的黑人士兵被召集起来，但联邦军队先取得了最终的胜利，使得他们免于参加战斗。

▲ 1862年4月25日，联邦军舰抵达新奥尔良对面时，黑人自由人军团正在他们的岗位上执勤

刊》宣称："瓦格纳要塞是属于有色人种的，就像邦克山90年来属于白色北方佬一样。"

在这里，第五十四团的军士威廉·H.卡尼在战斗中获得了授予黑人士兵的第一枚荣誉勋章。然而，当联邦方面要求归还肖上校的尸体时，邦联方面却回答说，他们把他和他的队伍一起扔进了一个没有标记的坑里。这些反叛者对白人军官的鄙视不亚于他们对黑人军队的鄙视。肖的父亲后来说，他为儿子能与这样英勇的军人一起长眠而感到骄傲。

这个团接近300人被杀、被俘或负伤。尽管损失惨重，但他们随后被纳入一支由白人和黑人组成的小部队，由昆西·吉尔摩将军指挥，负责夺回佛罗里达。他们在奥卢斯提作战时失利，因为知道邦联军队对黑人士兵毫无怜悯之心，以至于联邦第八集团军的军医官在撤离战场时让黑人军队先于白人军队撤退。因为他知道白人军队如果被俘，关押待遇会更好，他的这一举动拯救了许多人。

联邦军队在匹罗堡被内森·贝德福德·福瑞斯特将军击败后，被俘的黑人士兵落入邦联军队之手后备受伤害。南军射杀了许多黑人战俘和一些白人。这就是著名的"匹罗堡大屠杀"。联邦军队在追击福瑞斯特的途中又遭遇了一次失败，这也是西部战场上最严重的一次失利。1864年6月10日在布里斯十字路口，仅有联邦军队一半规模的8000人邦联军造成了黑人军队的再一次惨重损失，但少有人指责这些士兵，而认为这是一次指挥方面的失败。

指挥不善削弱了黑人军队做出的努力。内战中最著名的环形山战役，在执行中沦为灾难。作为彼得斯堡1864年包围战的一部分，联邦军队7月30日突然对邦联的防御工事实施了一次大胆的爆炸，并在防线上破开了一个很大的缺口。

最初，来自黑人第九军的部队被选为冲锋队，但格兰特将军随后批准了另一支白人部队作为先锋部队。这支部队准备不足就仓促上阵。当最初选定的黑人部队投入战斗时，邦联方面发动了大规模的反击，夺走了3500名第九军士兵的生命。黑人士兵面对着失败的结局依旧英勇作战，其中有七人因此战表现获得了荣誉勋章。

尽管这次交战堪称一场灾难，但联邦和黑人军队最终还是攻下了彼得斯堡，并于1865年2月占领了查尔斯顿。几个月后，他们最辉煌的时刻到来了，联邦黑人军队第九团的士兵于4月初率先攻进了叛军的首都里士满。在接下来的一个月，第六十二联邦黑人团在得克萨斯州的帕米托牧场进行了内战的最后一场战斗。

到1865年时，联邦军队中几乎10%是黑人士兵，但是由白人军官负责指挥着这些部队，他

▲ 约1865年，两名黑人士兵在弗吉尼亚州的荷兰峡谷（Dutch Gap）的"岗哨"前摆好姿势不动

们依旧被种族隔离所限制。在166个黑人团中，只有不到100名黑人军官，而且他们的军衔最高只到上尉军衔。总而言之，总共有18万黑人士兵为联邦军队而战，尽管他们没有参与许多最伟大的战役，因为其中大部分战役在他们入伍前已结束。就像一位著名的历史学家的评论，"从心理上讲，黑人士兵的献身极大地增强了北方战争的信心"。

# 新奥尔良战役

随着南方各州1861年脱离联邦,
温菲尔德·斯科特将军提出了"水蚺计划",
对包括密西西比河在内的南方地区实行全面封锁和包围。

路易斯安那州新奥尔良附近的
杰克逊要塞和圣菲利普要塞 1862年4月18日至24日

作者:马克·德桑蒂斯

争夺密西西比河的战斗不仅是内河水军的比拼，也是一场争夺河岸上防御工事和炮台之战。

▲ 1862年4月24日，联邦海军旗舰"哈特福德"号蒸汽单桅纵帆船率领舰队，奋勇冲过密西西比河上的杰克逊要塞

**洛弗尔认为邦联政府对"新奥尔良的真实情况"所知甚少,一旦城市遭受北方的攻击就将产生灾难性的后果。**

南北内战的双方都清醒地认识到密西西比河自北向南长达3734千米河道的重要战略地位。如果北方控制住这条河,就将把位于河西岸参与叛乱的得克萨斯州、路易斯安那州和阿肯色州与河东岸的邦联各州隔断开。但要达到这一目标绝非易事。开战时大河上的联邦海军家底是一穷二白。此外,联邦想掌控住河道,不让邦联有可乘之机,就必须打通大河全长,才能更好地加强对邦联的封锁。因此,争夺密西西比河的战斗不仅是一场内河水军的比拼,也是一场争夺河岸上防御工事和炮台之战。

联邦的内河水军所需战舰需要从零开始建造,或改装现有的船只。美国海军部长吉迪恩·韦尔斯为此批准组建了一支炮艇舰队,专门用于争夺密西西比河的控制权。作为内陆河流,美国陆军声称对密西西比河及其众多支流拥有管辖权。这支舰队由海军派出经验丰富的军官负责指挥,并训练其达到参战水平。

联邦海军在这块封锁区域中能力最薄弱的地方是位于密西西比河的入海口。受限于地理环境，这一区域被众多水道分割，任何对它的封锁都必然漏洞百出，不可能做到全面封锁。密西西比河流到新奥尔良后分成了四条不同的河道。一旦进入墨西哥湾水域，河面的跨度就铺开了大约50千米，这也成为它良好的天然屏障。从海湾的入海口上溯约24千米处，这些河道汇聚成一个汇合点，被称为分汊隘口。叛军在这里筑有他们的主要防御工事，分别是位于西岸的杰克逊要塞和东岸的圣菲利普要塞。

邦联方面不愿意不战而退就轻易地就把大河的控制权让渡给联邦军。他们也开始组建自己的内河舰队。联邦一开始试图通过在入海口和分汊

▲ 杰克逊要塞俯视图，显示出因1862年4月18日至24日联邦炮轰造成的破坏程度

口之间游弋的分遣舰队阻断交通，但是在遇到邦联的铁甲撞击舰"马纳萨斯"号后，这一计划受到了阻挠。1861年10月12日，邦联改装的铁甲撞击舰"马纳萨斯"号，露出它的狰狞面貌。舰体露出水面的部分仅有1米高，装备有一门32磅

▲ 法拉格特的旗舰"哈特福德"号的甲板场景。攻克新奥尔良是法拉格特军旅生涯中的一项伟大成就。在此之前，他在军队中一直稳步发展，甚至有些平淡无奇

## 双方争相采购军舰,以争夺对这条广阔内河的控制权。

的大炮,浮在水面就像一根漂浮的雪茄。更为阴险的是它在水线下安装了大量锋利的铁质撞角。"马纳萨斯"号撞裂了联邦蒸汽单桅纵帆船"里士满"号船体,使它和同行的联邦"文森"号蒸汽单桅纵帆船一同搁浅。"马纳萨斯"号首战告捷,让蒙羞的联邦海军只能独自设法拯救搁浅的军舰。新奥尔良的媒体得意地报道了"马纳萨斯"号耀武扬威的行为,而北方的媒体则一致对联邦海军的笨拙举动口诛笔伐。

尽管新奥尔良地处战略要地,南方邦联总统杰斐逊·戴维斯却觉得不值得在其城防方面投入太多。他认为新奥尔良下游的杰克逊要塞和圣菲利普要塞足以阻止联邦政府攻往大河上游的任何企图。因为联邦位于北方,联邦的任何进攻都只能自北方而来,因此新奥尔良的大部分防御工事都是面向北方,其留给南面的后背并不设防。尽管杰克逊要塞和圣菲利普要塞异常坚固,但如果联邦舰队真的找到一条绕过它们到达南部后背的通道,新奥尔良将陷入无险可守的地步。

只有控制住新奥尔良,才毫无疑问地掐断了南方的商贸交通。联邦战略家们备加相信这座城市更容易被海军所攻克。早些时候美国海军已经证明军舰可以依靠自己的力量解决掉陆地的防御工事。1861年8月,联邦海军一支小型舰队就通过用猛烈的炮火轰击,迫使北卡罗来纳州哈特勒斯湾的克拉克要塞和哈特勒斯要塞举起了白旗。同年11月,联邦海军战舰又迫使南卡罗来纳州罗亚尔港外沃克尔要塞和博雷加德要塞投降,从而攻克了该市。

48岁的联邦海军指挥官戴维·迪克逊·波特负责制订夺取新奥尔良的"北方计划"。1861年的大部分时间里,他都在指挥舰队努力维持对密西西比河南端的封锁。虽然没有取得什么具体的成果,但波特通过与当地渔民的交谈和自己夜间去往上游的探险,对这条河有了更多的了解。综合这些信息,他相信,新奥尔良会在联邦海军强硬的进攻中被攻克。

1861年11月波特返回华盛顿特区,向两位联邦参议员透露了他的计划。在他们的帮助下,他很快见到了海军部长威尔斯、联邦总司令乔治·B.麦克莱伦和总统亚伯拉罕·林肯本人。

波特的计划是组织一支21艘装备13英寸臼炮的纵帆船舰队,展开对杰克逊要塞和圣菲利普要塞的炮击。这些臼炮可以通过高弧线弹道发射开花弹,遏制要塞对河面的封锁,然后其他随行舰队就可以趁机突袭新奥尔良。随后大批联邦士兵采用登陆作战方式占领了这座城市。

◀ 舰队司令戴维·格拉斯哥·法拉格特。他是攻克新奥尔良的联邦舰队总司令,被授予美国海军上将军衔的第一人

▲ 1862年4月24日清晨,杰克逊要塞(左)和圣菲利普要塞(右)之间的水域被燃烧的船只照亮

# 南北内战时期的美国战舰

棉壳撞角舰、明轮船和铁甲炮艇。

南北战争期间,北方和南方的海军都部署了大量各种类型的船只。1862年4月的新奥尔良战役中,在密西西比河和墨西哥湾都能看到各式各样船只的身影。虽然大多数木制远洋战船还属于风帆战舰,但大量的护卫舰和单桅帆船也已安装蒸汽机,由螺旋桨叶驱动着破浪前进。它们在巡航时普遍使用风帆,战斗时则即时启动蒸汽锅炉。除了舷侧的大炮外,一些较新的军舰还配备了一对大型的、底座可旋转的前装火炮,可以根据需要同时朝港口或右舷方向开火。

随着战争的到来,密西西比河重要的战略地位立刻突显出来。双方争相采购军舰,以争夺这条有着广阔流域内河的控制权。联邦最初致力于生产蒸汽驱动的木质明轮炮舰,并在舰体上包覆了厚重的木料。最早列装的是"莱克星顿"号、"泰勒"号和"康内斯托加"号。几艘战舰的武备各不相同,"康内斯托加"号装备有四门32磅的大炮,"泰勒"号是1门32磅大炮和6门8英寸滑膛炮,"莱克星顿"号则是2门30磅大炮和4门8英寸滑膛炮。

从木甲舰再发展一步就诞生了铁壳舰。联邦的此类炮艇改装自平底船,舰体包覆薄铁皮装甲。大多数排水量都很小,不足200吨。较浅的吃水深度可以让它们在数百千米长如同迷宫般的密西西比水道中巡逻。它们装备着当时所能获得的各种弹药。大多数铁壳舰是由安装在船尾的明轮驱动,通常并不命名,而是给予单独的识别编号。

邦联军队的舰艇中,有种炮艇是"棉壳艇"。顾名思义,这些船使用棉包作为装甲层,将棉包夹在船体外层和内部舱壁之间预留的空隙里,这相当于一种复合装甲,加固了船首的这些小且快的汽艇,成为高效的撞角舰。

在很久以前,撞击战术就已被大多数的现代海军所淘汰。因为海上风向总变化不定,撞击战术并不能取得好的效果。但蒸汽动力的出现使撞击又成为切实可行的战术,重新受到海军的青睐,于19世纪重新被采用。由于不依赖风力,联邦撞角舰由内河船改装而成。它们木质的船头和船身都被加强,以便更好地承受撞击产生的巨大冲击。这些船上的武器非常有限,也许只有一两门炮。代表船只包括联邦的侧明轮"西方女王"号和"瑞士"号。它们的船速可达到12海里/小时,相对较高的速度很容易使得它们的撞击取得令人生畏的效果。

铁甲舰或许是内战的标志性战舰。它的船体覆盖着铁质装甲,依靠蒸汽驱动,能在海上和密西西比河服役。著名的铁甲舰有联邦海军的"莫尼塔"号和邦联海军的"弗吉尼亚"号。"弗吉尼亚"号前身是联邦的"梅里马克"号军舰,于1862年沉没于汉普顿锚地。铁甲舰也能用于内河,其中许多铁甲舰改造自现有内河船,但也有专门建造的。"诺思城"(North's City)级刚被设计出来,就因为它低矮臃肿的船身特点,根据设计者的名字被起了个"普克的海龟"的昵称。这些炮舰船长53米,宽16米,船体覆盖着6.4厘米厚的铁板,但它的吃水深度只有1.8米,这使得它们可以在密西西比河及其支流的浅水处畅通无阻。"

# 新奥尔良之战

**密西西比河**

**墨西哥湾**

**沼泽**

## 04 船骸栅栏
邦联守军将八艘拆卸了桅杆的纵帆船用铁索拴在一起,布置在宽阔的密西西比河面,以阻止联邦舰队毫不费力地就能向上游发起进攻。在法拉格特下达前进命令之前,一队联邦水兵在夜幕的掩护下前进,劈开了把船骸连在一起的锁链。邦联军队在夜间释放了放火筏,然而对准备充分的联邦一方而言,放火筏不过是癣疥之疾。

## 07 "马纳萨斯"号连番出击
"布鲁克林"号向上游前进,经过圣菲利普要塞时,遭到"马纳萨斯"号的袭击和撞击。幸运的是,它悬挂在船舷的锚链起了临时的装甲作用,避免受到严重损害,并最终摆脱了"马纳萨斯"号的纠缠。短暂的间歇后,"马纳萨斯"号返回上游作战,但被联邦"密西西比"号用炮火击退,这艘令人生厌的邦联撞角舰"马纳萨斯"号搁浅岸边,最终被自己的船长下令放火烧毁。

**邦联内河舰队**

## 08 登陆新奥尔良
法拉格特舰队的大部分船只都越过了要塞封锁线。他率军继续沿着密西西比河向新奥尔良进发,并于第二天抵达。这座城市放弃了抵抗,杰克逊要塞和圣菲利普要塞也于两天后投降。

## 06 蓝色分队
法拉格特率领"哈特福德"号向上游奋进。"布鲁克林"号被困在船骸栅栏中,并被邦联的重型火炮击中。邦联拖船"莫舍"号将一个燃烧的木筏推挤到"哈特福德"号旁,随后就被"哈特福德"号击沉。法拉格特的部下一边灭火,一边驾驶"哈特福德"号越过要塞封锁线。

A. 驳船
B. "麦克雷"号
C. "路易斯安那"号
D. 放火筏
E. "马纳萨斯"号
F. 纵帆船船骸组成的木栅栏

北

**墨西哥湾**

## 起用戴维·法拉格特

确定执行进攻新奥尔良的计划后,谁来指挥这支远征军的问题迫在眉睫。波特尚浅的资历不足以担任这个计划的总指挥,但他被任命为臼炮舰队的指挥官。他建议由他的养兄弟、现年60岁的海军军官戴维·格拉斯哥·法拉格特担任总指挥官。法拉格特是波特父亲的养子。他10岁时,在1812年战争中担任海军军官候补生。自那以后,他的事业虽然平淡,但也发展得很平稳。虽然出身南方,但他蔑视分裂,忠于联邦。国防部长威尔斯示意波特去听取法拉格特的意见,探讨海军自墨西哥湾出发攻克新奥尔良计划的可行性。法拉格特认为这个作战计划切实可行,并

## 技术发展

火炮、舰船和弹药的发展改变了力量对比。

19世纪初几项技术的突破,使得海军能够独自完成攻陷哈特勒斯和罗亚尔港口外要塞群的任务,而且过程变得容易得多。但在大航海时代,船只和陆地上要塞之间的任何对抗,优势都在岸防炮一方。当风帆战舰对峙要塞炮台时,战舰被它所依赖的风限制,它要不停移动,维持着与炮台的合适距离。在驾驶时必须与风力风向的变化抗争,并考虑到潮流与潮汐的变化,因此在不停的航行中操纵好船只,并击中炮台是一件极其棘手的任务。而停泊原地不动又充满危险,木质的舰船待在原地不动的时间越长,越方便岸上的炮手瞄准,越容易被击中。相比之下,一艘蒸汽驱动的船可以一边从敌人要塞1.5千米外驶过,一边开火。离开敌人岸炮射程后,可以掉头再发起一次新的攻击。因此,对邦联的要塞炮手而言,蒸汽船这种不断移动的目标,是很难被准确击中的。

舰炮的体积和射程也都有所增加。最突出的是"达尔格伦"炮,一种大口径的滑膛炮,炮膛周围做了额外的加固,使它们能够承受强大的弹药压力。火炮也变得更加精准。"帕罗特炮"是一种带膛线的火炮,能够将炮弹发射到更远的距离,而且比滑膛炮的精度更高。它改进的关键就在于膛线,即在炮管内切削出的凹槽,能够使射出的炮弹高速旋转,飞得更远,射得更准。

除此之外,还有另一个方面的进步。当射出的炮弹击中目标时,它们的杀伤力也比以前要大许多。原因在于这些炮弹击中目标时就会引爆内装的炸药。风帆时代战舰使用的旧式炮弹是实心弹,当它们打到土木垒成的防御工事上时,通常不会造成太大的麻烦。反之,开花弹则可以摧毁这种防御工事。总之,蒸汽机、更大更精准的火炮和开花弹让海军成为陆地防御工事的强大对手。

▲ 戴维·波特的炮艇舰队用来轰击邦联要塞的13英寸口径臼炮

决心亲自执行它。很快他被任命为远征军的指挥官。

联邦封锁海湾的分遣舰队分成了两支舰队。东海湾分舰队负责监视从卡纳维拉尔角环绕佛罗里达南端直至圣安德鲁湾的海岸线。从圣安德鲁湾向西到得克萨斯州里奥格兰德河河口，则由法拉格特指挥的西海湾分舰队承担封锁任务。法拉格特在此登上了他的旗舰——蒸汽动力的单桅纵帆船"哈特福德"号。为了掩盖这次作战的真正目的，联邦派人故意散布谣言，泄露这支舰队的目的地是得克萨斯州或亚拉巴马州。

## 凌乱的邦联防御

邦联对新奥尔良即将遭受到来自联邦的进攻并没有做足够的防御准备。新奥尔良市的城防由曼斯菲尔德·洛弗尔少将负责。但其外围较远距离的防备工事，如杰克逊要塞和圣菲利普要塞，则由另一名军官约翰逊·凯利·邓肯少将负责。洛弗尔认为邦联政府对"新奥尔良的真实情况"所知甚少，一旦城市遭受北方的攻击就将产生灾难性的后果。他并没有危言耸听，负责保卫新奥尔良的所谓"舰队"在组织结构上是不健全的。守卫这个城市的舰队，从理论上来说是令人生畏的。但不幸的是它们分属三个不相关的部门。邦联海军统辖着铁甲撞击舰"马纳萨斯"号和"路易斯安那"号，蒸汽动力的"杰克逊"号和"麦克雷"号炮艇，以及几艘拖船。包覆棉包的木质撞角舰"摩尔总督"号和"奎特曼将军"号则是路易斯安那州海军的一部分。另外六艘"反抗"号、"勇士"号、"坚决"号、"布雷肯里奇将军"号、"洛弗尔将军"号和"石墙杰克逊"号又归属邦联陆军内河守备舰队，后两支舰队并不听从南方邦联海军的指令。因此，整合这些不同单位的邦联海军，步调一致去对抗法拉格特的进攻，就显得无比困难与复杂。况且当时南方邦联军队普遍最担心的还是遭到联邦内河水军自北方顺流而下发起的攻击，因而对联邦也可能自南方而来的进攻没有做好防备。

## 收复新奥尔良

2月20日，法拉格特抵达墨西哥湾的船岛，与驻扎在此的本杰明·F.巴特勒少将和他指挥的1.8万名联邦陆军会合。这支部队是计划中攻占新奥尔良的主要力量。船岛也成为本次战役的起点，法拉格特将率领自己强大的舰队从此地起锚。除了他的旗舰"哈特福德"号，舰队还包括三艘同级姊妹舰"布鲁克林"号、"彭萨科拉"号和"里士满"号，此外包括蒸汽护卫舰"科罗拉多"号和较小的"易洛魁"号和"奥奈达"号，老式的明轮护卫舰"密西西比"号和改装过的"瓦鲁那"号蒸汽通信船。此外，还有11艘蒸汽炮艇和一群辅助船作为舰队的支援力量。3月初，波特也带着他的臼炮舰队在船岛加入了舰队。

法拉格特现在已得知，亨利要塞与多纳尔森要塞已落入联邦之手。联邦内河舰队的炮艇已向南抵进到十号岛。他还得知邦联方面正在河上建造"路易斯安那"号和"密西西比"号两艘大型铁甲舰。如果完工，将给他舰队里的木质战船带来灭顶之灾。现在最好的解决办法就是趁着它们还没投入实战，自己就先打入密西西比河去。

战役从3月7日开始，但仅仅是让船只驶过淤塞的浅滩就是一项耗时费力的任务。内战爆发后，由于河流流量的减少，舰队中许多船只都需要用拖轮拖拽着才能通过前进方向的水下沙洲。臼炮船和炮艇顺利地驶过隘口，但更大一些的船却无法通过。法拉格特转而尝试改走西南河口。"哈特福德"号、"布鲁克林"号和"里士满"

▲ 联邦舰队顶着要塞的炮火逆流而上

### 复仇心切的"密西西比"号蒸汽护卫舰,也成功地通过了要塞,正在寻找再次比拼的机会。

号还相对容易通过,但"彭萨科拉"号和"密西西比"号经过11天的艰苦努力才得以通过。而巨型护卫舰"科罗拉多"号由于吃水深度大,无论怎样减轻负载,都无法被拉过浅滩。法拉格特只好决定带走船上所有的炮和熟练的水手,而把船作为备用留在西南河口外。最终,直到4月8日,舰队才全部通过浅滩。

4月13日,"萨克姆"号拖船率先向北出发,前去侦察邦联阵地。为波特和他的臼炮船队提供准确的射界观瞄。这意味着战役已进入炮击阶段。波特在"哈里特·林恩"号上带领臼炮舰队,逆流而上30千米抵达要塞封锁线前。4月18日,炮舰开始炮轰杰克逊要塞和圣菲利普要塞。得益于"萨克姆"号提供的信息和炮手的技能,每艘船平均10分钟能抛射出一枚13英寸的炮弹,大都击中了目标。要塞做出的还击徒劳无功,经过10个小时不间断炮击,杰克逊要塞陷入火海之中。炮击于夜晚停止,第二天早晨再继续，但频率减少到每30分钟炮击一次，因为波特的弹药储备已经捉襟见肘。现在他意识到在48小时内攻下两个要塞的预期实在过于乐观了。

为了全面进攻，法拉格特把船上所有多余的装备都撤下，甚至缩短了桅杆，仅能携带最低限度要求的船帆。船员们为了有利于夜间作战，避免敌人发现他们，在船舷上涂满泥浆。为方便夜间灯火熄灭时操控武器，他们还把甲板漆成白色。他们用沉重的锚链当作"锁子甲"挂在舰舷部，用以保护船内的锅炉。法拉格特冷酷地对部下说："你们背水一战、死中求生的时候就要到了。"

邦联军当然知道法拉格特已经来了。他们匆忙加强了防御，把八艘卸下桅杆的纵帆船用铁链串成一排横在了密西西比河上，并在岸边备好放火用的木筏，等待联邦战舰来攻时就顺流而下使用火攻战术。

的船骸栅栏这一巨大障碍。一群勇敢的联邦水兵挺身而出，他们乘坐三艘炮艇，冒着敌人的密集火力将栅栏劈开一道口子。当封锁线被打开时，邦联海军将"路易斯安那"号拖向更靠近圣菲利普要塞的下游，将其锚定好作为一个浮动炮台。但它完全还没有做好真正参战的准备。这种逆势而为的决定并没有得到所有人的赞同。要塞司令邓肯将军要求海军舰队司令约翰·K. 米切尔将"路易斯安那"号调到要塞更南边的地方。他认为将其部署在已破烂不堪的船骸栅栏封锁线，才能令它发挥更大的作用。米切尔拒绝执行，理由是如果他这样做，"路易斯安那"号后续的任务就不能再进行。

这并不是邦联防御体系中存在的唯一摩擦。即使是在这么紧迫的时刻，邦联内河守备舰队仍然坚决拒绝接受米切尔的指挥。现在除了邦联海军，路易斯安那州的海军也一并归米切尔管辖。

## 他的船员们在船舷上涂上泥浆，使船在黑暗中不易被敌人发现，甲板上漆成白色，以便船员在夜间灯火熄灭时操控武器。

邦联其他战船闻讯而来。"马纳萨斯"号和撞角舰"石墙杰克逊"号一起来参战。邦联期盼已久的铁甲舰"路易斯安那"号也赶到了。它被牵引到圣菲利普要塞以北，停泊在联邦炮艇射程外。实际上它只是一只纸老虎，没准备好的引擎和炮还不能发挥出什么作用。

入夜后堆满易燃物的木筏被顺流放下，烈焰冲天而起，战场气氛顿时被鼓舞起来。然而，法拉格特已预料到了联邦的意图，他派出的众多辅助船轻易就捕捉住木筏，并把它们引导到河岸，任其自生自灭，没有给联邦海军造成什么麻烦。

破除火攻后，联邦海军又面临横跨河面上内河舰队的水手们也想要参加战斗，但只希望在他们自己的方向上战斗。他们拒绝了把自己的撞角舰部署到船栅封锁线的正式要求，尽管那里才是最需要他们的地方。

臼炮舰队的轰击持续了好几天，杰克逊要塞毫无投降的迹象。法拉格特决定舰队必须冒险强行突破要塞的封锁，哪怕对方炮台还没有被摧毁。4月24日凌晨2点，臼炮舰队减弱了火力。联邦海军"哈特福德"号桅杆上的一对红灯笼发出微光，示意联邦舰队向前起航。先头部队以特奥多鲁斯·贝利船长指挥的"卡尤加"号炮艇为首，由"彭萨科拉"号、"密西西比"号、"奥奈达"号、"瓦鲁纳"号、"卡塔丁"号、"基诺"号和"维萨希康"号组成的红色先遣船队趁着幽暗的夜色缓慢前进。紧随其后的是"哈特福德"号、"布鲁克林"号和"里士满"号组成的蓝色分队。为了看清逐渐开阔的夜景,法拉格特爬到旗舰帆索上方,不断给下面的水手下达指令。在下属请求之下,他及时下来才没被邦联的炮弹击中。舰队的最后是参谋长亨利·贝尔统领的第三队,由"易洛魁人"号和五艘炮艇组成。

领先的"卡尤加"号一路遭受着圣菲利普要塞的炮火打击。但它仍坚持寻机与敌舰交战,引燃了其中一艘敌船,并迫使其靠岸。同行的"奥奈达"号、"瓦鲁纳"号一往直前。当一艘敌船横过"奥奈达"号船首时,"奥奈达"号拼尽全速猛烈地撞向它,然后朝射程内的所有敌人拼命开火。

"瓦鲁纳"号单枪匹马打掉了四艘邦联军舰,随即被邦联路易斯安那州海军"摩尔总督"号撞角舰盯上。"摩尔总督"号从后面接近"瓦鲁纳"号,两艘船之间爆发出地狱风暴般的枪炮声。因为距离太近,以至于"摩尔总督"号无法压低船首炮射界朝对手开炮。懊恼而铤而走险的指挥官贝弗利·肯农中尉命令舰炮开火,甚至不惜穿透自己的舰体也要攻击"瓦鲁纳"号。

"摩尔总督"号一次又一次地猛烈撞向"瓦鲁纳"号。"石墙杰克逊"号随后也加入撞击行列。当"石墙杰克逊"号后退,准备再次发起前冲撞击时,"瓦鲁纳"号利用这个喘息的空隙,使用它的5门8英寸舰炮向敌人猛烈开火,将"石墙杰克逊"号炸成一片火海,被迫朝岸边靠去。"瓦鲁纳"号此时也在下沉,船长把它驶到河岸的安全地带。与此同时,"摩尔总督"号被其他联邦军舰围攻,严重损坏后不得不靠岸停泊。为了不被联邦缴获,船长肯农点燃了"摩尔总督"号。

战场其他地方,"彭萨科拉"号在黑暗中走错方向,一直驶到距圣菲利普要塞非常危险的距离才猛然向河西侧转向。老式的"密西西比"号紧随其后,侧明轮在水面砰砰作响。这时左舷的船头前出现了一个形状像雪茄、低矮的轮廓。这就是恶名昭著的撞角舰"马纳萨斯"号。在亚历山大·沃利中尉的指挥下,它来为争夺河道的通行权而战。它和"密西西比"号斜擦而过,在它老化的侧明轮上撕开了一个大洞。"密西西比"号这艘联邦军舰在剧烈震动中开始倾斜,但很快又恢复了平衡。"马纳萨斯"号则已离去寻找下一个攻击目标。

蓝色分队中的单桅纵帆船"布鲁克林"号螺旋桨被船骸栅栏缠住了。顶着要塞的炮火攻击,"布鲁克林"号自救成功,终于摆脱了困境。但马上要越过圣菲利普要塞时,"布鲁克林"号又遇到一个敌人。"马纳萨斯"号再次出现,先用它唯一的舰炮朝向敌人开火,然后又撞向"布鲁克林"号。在碰撞中,它的舰炮被毁。沃利指挥着"马纳萨斯"号回撤准备再次撞击,但它第一次的攻击并没有取得预期的破坏效果。"布鲁克林"号悬挂在船舷的锚链起到了保护作用,它继续向前驶去,将"马纳萨斯"抛在自己身后。

法拉格特奋力引导着"哈特福德"号冲过要塞封锁线,但笼罩在战场上的硝烟遮蔽了他的视线。凌晨4点15分左右,邦联一艘名为"莫舍"号的拖船把一只燃烧的木筏挤推到"哈特福德"号的左舷侧。旗舰发射炮弹把那艘胆大妄为的小船打得粉碎,但是自己也被火焰包围。消防队奋力扑火,旗舰则继续前进。法拉格特发现邦联的火力开始减弱。"哈特福德"号终于越过了要塞,但此时并不完全安全。"马纳萨斯"号上的沃利中尉发现了它们。同时,图谋复仇的"密西西比"号护卫舰也成功通过了要塞,舰长觉得有

▲ 杰克逊要塞的炮火击中了"易洛魁"号炮艇，船员因伤亡大量减员。尽管要塞受到臼炮炮艇的攻击，但它们仍然能对联邦船只形成威胁

必要请求上级允许他们再与"马纳萨斯"号比拼一场。法拉格特再次爬到旗舰的帆索上方，亲自用喇叭下达命令："撞沉它！"

"密西西比"号的炮火两次击中"马纳萨斯"号，而"马纳萨斯"号在早先的战斗中已被严重损坏，无力再战。沃利将船开向河岸停靠，营救出船员后点燃了他这艘备受打击的战船。而此时一直追赶的"密西西比"号还在继续用葡萄弹扫射它的船体。

法拉格特舰队的全体战舰几乎都越过了要塞的封锁线。要塞炮台在凌晨5点半左右无奈停火。翌日，4月25日，联邦舰队抵达毫无防御能力的新奥尔良城下。要塞则在炮艇炮火威胁下又抵抗了两天，直到4月27日也纳旗屈服。5月1日，巴特勒率领的陆军到达新奥尔良并占领这座城市。邦联海军舰队司令米切尔点燃了"路易斯安那"号，载有五吨火药的船顺流而下，漂过邓肯将军正与波特签署投降协议的地方。这艘只建造了一半的铁甲舰，还没来得及充分发挥它的潜力，就像整个新奥尔良的邦联防御系统一样落得灰飞烟灭的下场。

## 后果

一位历史学家评论新奥尔良的陷落，是"邦联垮台之夜"。即使这个总结有点夸张，但失去南方最大的港口无疑是邦联一个糟糕至极的损失。现在从这条河去往外界的交通已完全掌握在联邦手中。第二年，即1863年7月，联邦军队又攻占了维克斯堡。联邦政府完全掌握了密西西比河的控制权。至此，邦联在南方实际上已被分割成两半。

# 最血腥的一天

罗伯特·E. 李对北方联邦的第一次入侵在马里兰州西部一条鲜为人知的小溪边惨遭失败。

作者：迈克·哈斯库

南方邦联对1862年的夏天满怀着希望。双方宣战时,弗吉尼亚州还没有部署联邦士兵。在8月的第二次布尔溪战役中,罗伯特·E. 李将军和托马斯·J. 杰克逊将军(也被称为石墙将军)给了约翰·波普将军率领的弗吉尼亚联邦军一次痛击。在此之前,乔治·B. 麦克莱伦将军雄心勃勃发动的"半岛战役",即对南方邦联首都弗吉尼亚州里士满的攻势已于前一年春天被挫败。

形势对邦联一片大好,李将军也赢得了勇猛战地指挥官的盛誉。自负的北弗吉尼亚邦联军团感觉这是向北方的联邦地区发起大胆进攻的好时机。虽然会冒很大风险,但如果能在进攻北方中赢得实质性的军事胜利,将会给邦联方面带来不可估量的回报。当李将军率领他强大的军队行军通过马里兰州时,可以把这个边境州的民众招募到邦联的旗帜下,为他的队伍招募新兵,为他那些总是饥肠辘辘、衣衫褴褛的士兵提供给养。弗吉尼亚的农民们则可以在和平的环境中收获庄稼,而他的军队可以靠未受战争影响的北方农场的产出维持供给。最重要的是,欧洲强国可能会给予邦联期待已久的外交承认,而来自英国和欧洲其他国家的承认则意味着通过谈判达成南北和平的可能性,而他们或许可以给南方提供经济和军事援助,甚至是直接武装介入。

李将军在给邦联总统杰斐逊·戴维斯的信中写道:"现在是开战以来我们进入马里兰的最佳

▲ 安提塔姆战役中伯恩赛德桥附近小溪传奇化的战斗场面

## 安提塔姆的阵亡者

拍摄于安提塔姆战后的一系列照片让美国公众为战争的恐怖所震惊。

在安提塔姆战役结束后的几个小时内，受雇于著名企业家马修·布雷迪的两位摄影师——亚历山大·加德纳和詹姆斯·吉布森就到战争现场拍摄到了照片。摄影技术这时刚刚应用不久，但他们在安提塔姆战役拍摄的这些照片震惊了美国公众。

加德纳和吉布森在战后五天内就曝光了70张底片。这是摄影师第一次记录下活生生的大屠杀场面。布雷迪的纽约工作室于10月发布了一些触目惊心的照片，包括那些被炮弹炸裂的尸体，或因中枪死亡的尸体，瞪着的空空的眼洞，扭曲弯折断开的四肢。纽约人成群结队地去观看可怕的战争场面。

《纽约时报》月底的一篇社论观察到了人们的状态："百老汇大街上熙熙攘攘的生者，对于安提塔姆的亡者来说，也许是微不足道的，但我们认为他们在这条大街上漫不经心地挤来挤去，会少一些轻松自在。因为有几具刚从田野搬来的滴血的尸体，躺在人行道边……事实上，战死者很少能出现在我们面前，哪怕是在噩梦中。早餐时我们在晨报上看到的阵亡名单，转身喝咖啡时就会遗忘。布雷迪先生让我们知道了真实发生着的战争的可怕。就算他没有把尸体运来，放在我们的院子里和街道上，他也已经做了一件非常类似的事情……"

▲ 邦联士兵的尸体躺在黑格斯敦公路路障栅栏边，来自亚历山大·加德纳的一篇阵亡调查中

**林肯了解麦克莱伦是一个非常谨慎的人，而且他在军队里广受欢迎。**

时机……我们不能视而不见。"1862年9月4日至7日，李将军麾下5.5万人的强大军队分别在杰克逊将军和詹姆斯·朗斯特里特将军的指挥下分成两个侧翼，从弗吉尼亚州渡过了波托马克河。

与此同时，华盛顿特区的亚伯拉罕·林肯总统也需要一次胜利的契机来发布《解放黑人奴隶宣言》。这份宣言将给所有反对联邦政府的叛乱地区的奴隶予以自由人身份，把美国内战从维持联邦统一的目的转向为人权和终结奴隶制而战。

半岛战役失败后，林肯已对麦克莱伦失去了信心。他把麦克莱伦的大部分兵力调给波普将军和弗吉尼亚军团。但是随着波普在第二次布尔溪战役中惨败，林肯放下自尊，再次起用麦克莱伦。这一次是为了整合联邦军队，保护华盛顿特区，并击败李将军的邦联军队。

林肯了解麦克莱伦是一个非常谨慎的人，无论如何，他作为一个出色的组织者在军队里广受欢迎。9月4日，麦克莱伦恢复总司令身份后的两天，他收到邦联北弗吉尼亚军团正在行动的消息。波托马克军团的兵力这时增加到接近9万人，麦克莱伦发挥了他善于同化被重新部署的士兵的能力，他在其他方面做的也一样好。虚假情报显示邦联有近20万人入侵北方，他以极缓慢的行军速度开始追击李将军。波托马克军团4日下午突破马里兰州洛克维尔营地，12日抵达弗雷德里克镇，距离北弗吉尼亚州军团通过此地已有五天。

尽管李将军很了解麦克莱伦，清楚他谨小慎微，但是对邦联而言，马里兰战役一开始就陷入了困境。李将军的部队抵达弗雷德里克时，当地市民们都待在自己家里，关闭了所有商店。李将军对市民要求他们离开的呼吁无动于衷，依然驻扎于此。当他得知驻扎在哈普斯费里联邦军火库的1.2万名联邦军队士兵以及马丁斯堡的2500名联邦军队士兵并没有立即撤退后，为确保自己那条通过弗吉尼亚州温彻斯特谢南多厄河谷补给线的安全，李将军被迫分兵，他派杰克逊去应对这一威胁。李将军与朗斯特里特继续向北推进，并商定分开行动的军队9月12日在马里兰州的黑格斯敦再次会合。邦联军从那里可以攻入宾夕法尼亚州，摧毁横跨萨斯奎汉纳河的铁路大桥，还有机会占领哈里斯堡州首府，继而威胁费城、巴尔的摩，甚至华盛顿特区。

李将军担心错过宝贵的机会，他知道尽管麦克莱伦行动缓慢，但很可能会抓住南军分兵的时机，彻底击溃他们。为了抵消联邦的优势，他被迫以血换时间，于9月14日为争夺南山关隘展开了对联邦军队的进攻。在确认获胜无望后，李不得已下令渡过波托马克河撤退到弗吉尼亚州的安全地带。然而，在撤退命令下达后几小时，杰克逊即将攻陷哈普斯费里的消息又燃起了李取胜的希望。李撤销了后退的命令，与朗斯特里特骑马来到安提塔姆溪勘察地形。安提塔姆溪是一条流经马里兰州夏普斯堡镇附近的波托马克河支流。李查看了地形，随后发布了新命令，要求邦联军队沿夏普斯堡东面的一条低矮的山脊线分散据守。"我们将在这些山上据守。"他总结道。

与此同时，麦克莱伦浪费了一个可能导致李将军战亡并结束内战的情报。9月13日，他截获了一份文件。那是一名来自印地安那州的士兵发现的，当时他正懒散地躺在D.H.希尔将军驻扎过营地的牧场草地上，捡到一张卷在几支雪茄

## 胡克发现邦联士兵正在秸秆中移动。

上的纸。他拿起雪茄,发现那潦草的一页纸上记着令人难以置信的消息。这正是不久前李将军下达的第191号特别命令,详细说明了邦联军队复杂的作战计划。麦克莱伦高兴地喊道:"现在我知道该怎么做了!"他对他的朋友、时任约瑟夫·胡克将军第一军第四旅旅长的约翰·吉本将军夸口道:"这是一张证明,如果我不能打败博比·李,我愿意回家。"

但是麦克莱伦在南山没能发挥他军队人数上的优势,杰克逊很快就将从哈珀斯费里出发。与之相反,麦克莱伦则集中了7.5万名士兵在对手李将军选定的安提塔姆溪展开决战。

9月15日上午,处于危险中的李仍然相信自己能力挽狂澜。他期待着麦克莱伦小心谨慎的决断会对他有利。随着哈珀斯费里的陷落,杰克逊指挥所属大部迅速转移到了27千米外的夏普斯堡。在向安提塔姆进发之前,他们释放了俘虏并补充了缴获的补给。阿普·希尔将军的轻装师则留守兵工厂。

李将军布置防守阵地很内行,他让杰布·斯图尔特将军率领骑兵去护卫位于被当地人称为"西森林"的密林边缘的左翼。那是由约翰·贝尔·胡德将军一部据守的开阔空地。居中是一座粉刷成白色的德国浸信会教堂。几个小时内,小小的浸信会教堂就变成了可怖的战斗现场。李将军调动D.H.希尔师从战场中部穿过布恩斯伯勒路,进入森肯路这条不久后会被全世界称为"血腥路"的低洼的天然堑壕。李将军的防线向南延长到横跨克里克河的三座石桥的最低处,琼斯将军麾下的五个旅据守在这一英里的土地上。

▲ 在安提塔姆战役之后,亚伯拉罕·林肯总统在波托马克军团司令部会见了乔治·B.麦克莱伦将军

9月15日下午，麦克莱伦的部队已渗透到战区附近。虽然联邦一方的实力迅速增长，但他婉拒了向邦联军队发起进攻的提议。恰恰相反，麦克莱伦花了几个小时部署军队，构想胡克将军和约瑟夫·克夫·曼斯菲尔德将军将分别率第一军和第十二军攻击南军的左翼，安布罗斯·伯恩赛德将军的第九军猛攻他们的右翼。只要其中一侧获胜，由埃德温五世·萨姆纳将军和威廉·B.富兰克林将军分别指挥的第二军和第六军就会扩大战果。位于联邦军中央阵地的费茨·约翰·波特将军也会带领自己的第五军提供支援。

16日晚，当胡克率领部队机动进入预定黎明前发起进攻的阵地时，双方开始互相射击。与此同时，杰克逊的三个师也踏入战场。这让李的胜算有了一点提高。与士兵一起到达的杰克逊将军中午时骑马与李和朗斯特里特会合，他们三人看到成千上万的联邦军队在安提塔姆溪对面集结。

黎明时分，双方的炮兵部队开始交火。胡克的部队也沿着黑格斯敦公路向前推进，双方开启美国历史上流血最多的一天。为了能攻击到预定的目标，联邦士兵被要求穿过一片属于当地农民戴维·米勒的玉米地。即将收割的玉米秆有一人高，这片田野成为9月17日上午双方野蛮争夺的

## 安提塔姆战役奇迹般的幸存者

约翰·B.戈登在安提塔姆战役中屡次受伤，但他活了下来。

1862年9月17日，约翰·B.戈登上校指挥的亚拉巴马第六步兵团在森肯路陷入混乱。未来的将军命令他的士兵待命，直到敌人离他30步远时他才喊道"开火"！整个战线的枪声猛烈爆发，多年后他写道："我的步枪在联邦士兵的面前燃烧咆哮……"

作为指挥官的戈登不得不加倍承受自己部下做恶的后果。在春季早些时候，戈登在马尔文山受伤后幸免于难。结果在血腥日那个下午他又受伤了，变得奄奄一息。一颗子弹穿透了他的右小腿，另外一颗子弹又撕破了同一条腿。第三颗子弹穿入了他的左臂。第四个被子弹击中的伤口位于他的肩膀。令人难以置信的是，他仍然站立着指挥战斗。紧接着第五个伤口几乎要了他的命。一块弹片击中他的右脸颊，打碎了他的下巴。戈登脸朝下扑倒在地，血流不止。后来他回忆，是他帽子上恰好有个弹孔才使得他避免了被自己的鲜血淹死的命运。

当戈登恢复知觉后，他爬了一段距离，才被抬上担架送往野战医院。他凭着强烈的求生欲望活了下来。他的妻子用碘酒擦拭伤口预防感染，喂他肉汤补充营养。在重伤十个月后，戈登再次重返部队，并参加了后来的几次战斗，至少又负伤两次。1865年他率军参加了发生在阿波马托克斯县府的北弗吉尼亚军团的最后一战。

▲ 约翰·戈登将军在内战中幸存下来，转入政坛，后来担任过佐治亚州州长

焦点。后来，这块战场被称为"玉米地"。胡克发现邦联士兵正在秸秆中移动，他命令一个炮兵连开火。他被屠杀的场面所震惊："在我写下这些文字的时候，位于北方田野的每一根秸秆都像被用镰刀割断似的，紧密地排列在一起，那些被杀死的人刚刚还像站好的队伍一样成排地倒下，我从未目睹过比这更血腥、更凄惨的战场。"

位于邦联军左翼的交战持续了大约三个小时，双方易手玉米地的控制权达15次。夜里，胡德的部队被亚历山大·劳顿将军的两个旅换下。因为战线不稳，劳顿寻求胡德的帮助，胡德军队大部分士兵来自得克萨斯州，正在吃几天来的第一顿热腾腾的早饭。他们丢下咖啡和饼干，把熏肉塞进嘴里，然后冲了出去。胡德的士兵怒不可遏，迎头痛击胡克的部队，把他们打回到400码（365.76米）外最初的出发点。然而，得意的邦联军队战线拖得太长，半小时内得克萨斯第一步兵团就伤亡了186人，伤亡率达82%，是整个战争无论是联邦还是邦联军中伤亡率最高的团。胡德对巨大损失感到震惊，当另一个军官问他的师在哪里，将军回答说："死在战场上了。"

曼斯菲尔德将军很快发起了支援胡克的行动，他们向德国浸信会教堂和黑格斯敦公路推进。但南军的大炮粉碎了曼斯菲尔德的进攻。当萨姆纳将军率领两个师前来救援时，杰克逊设下了圈套，一个联邦师偏离了方向，另一个师陷入了致命的交叉火力之中，20分钟内5000名士兵中的一半就在西森林附近被击毙。

上午10点，邦联军的左翼陷入僵局，战斗重心开始转移到中部。联邦纽约和马萨诸塞联军的爱尔兰旅攻击了控制着森肯路的北卡罗来纳州和亚拉巴马州士兵。双方伤亡惨重，直到两个纽约团从右侧包抄过来，大举进攻，向充满鲜血的道路发射出毁灭一切的炮火。邦联军人的尸体堆积成山，这时一个遭到误解的命令导致邦联守军向后撤退了600码。麦克莱伦虽有着充足的后备军力，但他并没有派出更多的部队去打开缺口。实际上他反而下令停止进攻，转而巩固联邦获得的新阵地，放任战机溜走。朗斯特里特将军出马帮助稳定住了邦联军队的中央，战斗再次转向南方。

1862年9月17日，从早上一直到下午，伯恩赛德将军一直执着于从低矮的石桥通过安提塔姆溪。这座桥从那日起以他的名字命名为伯恩赛德桥。即使一些联邦军队已在一英里外渡过安提塔姆溪，他仍然不改初衷。罗伯特·图姆斯将军指挥400名佐治亚州和南卡罗来纳州士兵依托桥上的断崖，多次击退了试图占领桥梁的联邦军队企图。最终，纽约州和宾夕法尼亚州联军的两个团，被允诺如果他们夺取西岸，就将给他们恢复为严肃军纪而取消的威士忌配给。为了冲上峭壁，士兵们冒着像冰雹一样倾泻的炮火向前冲锋，击退了防守者。

伯恩赛德现在已经做好粉碎李的右翼的准备。李一整天都在从右翼调遣援军去支援他受到威胁的中路和左路。但是联邦第九军的指挥官在前往夏普斯堡之前浪费了两个小时，下午3点前，他一路上都在和战线稀疏的南军作战。伯恩赛德的部队缓慢地开进到距离夏普斯堡不到800米的地方。就在李将军据守防线接近崩溃时，阿普·希尔的轻装师从哈珀斯费里冲下土路，凿穿伯恩赛德的军队，打断了联邦军队的行动，湮灭了麦克莱伦最后的战机。希尔部队此战克服了炎热天气和急行军带来的困难，虽然不间断的行军造成有些人掉队，但是那些到达战场的人，即使再筋疲力尽，也立即投入了战斗。

安提塔姆战役，这场最血腥的战斗在黑夜来临时双方打成平手。令人震惊的是，2.3万名死伤者七零八落地布在这片土地上，其中至少有1.2万人属于联邦军队，邦联军队有将近1.1万人。李将军再无力发起进攻。第二天双方僵持不下，都坚守阵地。之后麦克莱伦拒绝重新开战，他允许李在不受干扰的情况下渡过波托马克河撤退。

尽管代价巨大，安提塔姆之战还是足以使林肯签署的《解放黑人奴隶宣言》于1863年1月1日开始生效。

马里兰战役是南方邦联遭受的一次重大挫折。邦联军队在安提塔姆之战后撤退，导致马里兰州仍然还是联邦的一部分。获得欧洲承认的可能性也随着《解放黑人奴隶宣言》所公布的愿景而消失。英国早在几年前就废除了奴隶制。李继续率领北弗吉尼亚军团，在之后还取得过巨大的胜利。然而，南方获得内战最终胜利的前景再也不像1862年夏天那样光明了。一年后李将军再次率军踏上入侵北方的道路，此时"石墙"杰克逊将军已死，这条入侵路通往的最终目的地是葛底斯堡。

# 安提塔姆战役

**1862年9月17日**

## 01 李的对抗
罗伯特·E.李将军将他的北弗吉尼亚军团部署在安提塔姆溪附近的山脊线上,等待联邦波托马克军团的进攻。并希望"石墙"杰克逊将军率领援军能从哈珀斯费里迅速赶到。

## 05 希尔怒吼着进攻
阿普·希尔将军的轻装师从哈珀斯费里出发,正以疯狂的速度行进。抓住了恰到好处的反攻伯恩赛德军队的时机,阻止了他向夏普斯堡的进攻,拯救了罗伯特·E.李的邦联北弗吉尼亚军团,使其免于惨败。

## 04 伯恩赛德桥的失误
战斗再次转向南方。安布罗斯·伯恩赛德将军再三下令夺取安提塔姆溪上的一座石桥。伯恩赛德终于攻到对岸,开始缓慢地向夏普斯堡推进,冲击邦联军薄弱的防线,从而危及李将军的整个阵地。

## 03 森肯路的屠杀
战斗转移到中心战场后,联邦军队对后来被称为"血腥路"的森肯路的多次进攻都被击退。最后,联邦军队从侧翼包抄守军,把阵地变成了死亡陷阱。后赶到的援军没有攻击已开始撤退的邦联军队。

**地名标注:** 波多马克河、黑格斯敦公路、厄尔利、尼科迪默斯山、麦克劳斯、胡德、R.H.安德赛、李、夏普斯堡、A.P.希尔傍晚到达、朗斯特里特、D.R.琼斯、布恩斯伯、博特勒的浅滩、杰克逊、A.P.希尔、图姆斯、浅滩、哈珀斯费里路、波多马克河

**北**

# 政局密云
# 1863—1864

在同顽强的邦联对手不断的战斗中,
联邦在各条战线上都取得了优势。

经过1863年和1864年的艰难岁月,南方邦联的战争运势达到巅峰,然后开始缓慢地、不可逆转地走向下坡路。1863年1月1日,亚伯拉罕·林肯总统发表《解放黑人奴隶宣言》,从而将内战从拯救联邦的斗争转变为争取人权的斗争。

凭借着先前取得的战果,尤利西斯·S.格兰特将军开始负责全面指挥在西部战场的联邦军队。他发起了一场以攻克密西西比河维克斯堡为目标的艰苦战役。然而,在春季打响的钱瑟洛斯维尔战役中,联邦约瑟夫·胡克将军率领的波托马克军团败于罗伯特·E.李的邦联北弗吉尼亚军团。邦联付出的代价也很大,"石墙"杰克逊将军被友军误击中,受到致命的伤害而离世。

李将军率军发起第二次入侵北方行动。但在1863年受挫于7月1日至3日的葛底斯堡战役,并最终战败。邦联的战争策略转向全面防守。格

▲ 邦联将军"石墙"托马斯·J. 杰克逊在钱瑟洛斯维尔战役中被友军击中,遭到致命的伤害

▲ 联邦将军尤利西斯·S.格兰特（左）与邦联将军约翰·彭伯顿商议维克斯堡的投降事宜

兰特在西部战场于7月4日拿下维克斯堡。9月，联邦在奇卡莫加战役溃败。但是布拉克斯顿·布拉格将军打破了邦联军队对查塔努加的围困。格兰特发起了对南方的包围战，威廉·谢尔曼将军主导了"亚特兰大战役"和"向海洋挺进"行动。

1864年春季，格兰特在"陆上战役"中追击李将军，经过莽原、斯波齐尔韦尼亚县府和冷港爆发的一系列激烈战斗，最后将邦联军队围困在彼得斯堡。谢尔曼9月攻下亚特兰大，开启了他传奇的死亡与毁灭之旅，于12月占领萨凡纳。

▲ 共和党总统候选人亚伯拉罕·林肯和副总统候选人安德鲁·约翰逊1864年竞选成功的海报

# 自由的新生

亚伯拉罕·林肯总统在南北内战的最终目标——结束奴隶制和维护联邦统一共同体现于《解放黑人奴隶宣言》中。

**作者：迈克·哈斯库**

亚伯拉罕·林肯总统在历史上以"伟大的解放者"著称。就个人而言，林肯对这种强迫奴役的制度感到震惊，但他也是一位务实的政治家。

随着内战的爆发，林肯政府和去平叛的军队的首要目标均是维护联邦的统一。林肯不得不谨慎地平衡政府中共和党和民主党的观点和政治影响。很明显，早期倡导结束奴隶制的政策会危及"边境州"的忠诚，包括特拉华州、马里兰州、肯塔基州、密苏里州，以及后来的西弗吉尼亚州。在那里雇佣奴隶是普遍现象，但这些州政府拒绝脱离联邦。另外宪法也准许奴隶制根据人民的意愿继续存在。然而，林肯作为共和党人，是寻求结束"特殊制度"的政党领袖和政策制定者。

1862年8月，林肯在给《纽约论坛报》的编辑霍勒斯·格里利信里写道："如果能在不释放任何奴隶的情况下拯救联邦，我会这么做；如果可以通过释放所有奴隶来拯救联邦，我也会这么做；如果可以释放一些人而不去管其他人来拯救联邦，我还会这么做。"在他写这封信时，《解放黑人奴隶宣言》的草稿——一份革命性的文件，就放在他白宫书桌的抽屉里。

内战进展推着林肯在政治上如走钢丝。当联邦军攻进南方时，奴隶们四散逃离种植园，到他们的防线后寻求庇护。一开始，还是小股人群的涓涓细流，然后变成洪水般蜂拥而至的人群。起初，联邦官员要么接受这些"逃亡者"，要么把他们归还给声称效忠美国的主人。他们是法律保护的"财产"。然而，情况又有了变化，很明显，一些奴隶被用于支持邦联的战争行动。在那种情况下，他们就属战时违禁品，可以被没收或扣押。国会通过了支持这一立场的两项充公法案和一项民兵法案，甚至批准军队雇佣被释放的奴隶当兵。而且，从逻辑上讲，反对蓄奴叛乱的战

▲ 这幅画作描绘了第一次宣读《解放黑人奴隶宣言》的场景，内阁成员聚集在林肯总统周围

▲ 1865年出版的《哈珀周刊》的插图为获得自由的黑人描绘了一个新的现实世界

**从逻辑上讲，反对蓄奴叛乱的战争就是反对奴隶制本身的战争。**

▲ 在访问前邦联首都弗吉尼亚州的里士满时,林肯总统向一群自由的黑人发表演说

▲ 一名黑人男子阅读刊登了《解放黑人奴隶宣言》及其对奴隶制未来影响的报纸

争就是反对奴隶制本身的战争,奴隶制本身是邦联经济的基础。

到了1862年中期,林肯很明显必须在反对奴隶制方面采取行动,否则就可能失去本党大多数人的支持。林肯的应对勇敢无畏且影响深远。《解放黑人奴隶宣言》给予了当时反对联邦的叛乱地区奴隶的自由,但它没有解放"边境州"或某些特定地区的奴隶,如田纳西州,当地军队已经在那里建立了一个临时政府,它没有主动参与叛乱。

国务卿威廉·H.苏厄德和林肯内阁的其他成员赞同《解放黑人奴隶宣言》,但苏厄德说服总统暂缓发布,直到取得战场上的重大胜利,使之进一步合法化。在决定性的安提塔姆战役之后,林肯于1863年1月1日发布《解放黑人奴隶宣言》,并使之立即生效。在此过程中,政治头脑精明的林肯成功地把废止奴隶制和维护联邦关联到一起——这两项都是确保胜利的必要措施。

《解放黑人奴隶宣言》极大地削弱了邦联的战争潜力。邦联劳动力来源持续减少,到战争结束时,有18万名获得自由的黑人加入了联邦军队。来自欧洲国家的潜在干涉事实上已被排除,因为欧洲早已取缔了奴隶制。宣言中声称《解放黑人奴隶宣言》是"根据宪法,基于军事需要而做出的正义之举"。

随后,废除奴隶制成为联邦在内战中的目标。历史学家们对《解放黑人奴隶宣言》是否真的解放了奴隶存在争议。但无论如何,《宣言》超越性的影响是清楚无疑的。林肯抓住了道德的制高点,维护住了来自他政治基础的支持,化解了对手的反对,并把这场内战转变成了一场争取自由和人权的斗争。

1865年1月,国会通过了废除奴隶制的宪法第十三条修正案。到12月,三分之二的州签署了该修正案,奴隶制在美利坚合众国正式消亡。

# 永恒的葛底斯堡演说

林肯总统情真意切地描绘了自由的事业,高度赞扬了为之牺牲的人。

同内战中许多其他悲惨的战役一样,葛底斯堡战役也造成了数千人死亡。1863年的秋天,此地开始建造一个新的国家公墓,一项永久安葬那些做出最大牺牲的联邦士兵的善后工作正在推进,亚伯拉罕·林肯总统应邀出席了公墓的落成典礼,并发表了几句"恰如其分"的讲话。

在当时,这样重要的活动都是十分壮观的场面,发表的演讲往往冗长。在落成典礼上,邀请的特定演讲人是马萨诸塞州参议员爱德华·埃弗雷特,他以富有魅力的演讲技巧闻名遐迩。1863年11月19日,林肯乘坐火车去往聚集了很多人的葛底斯堡。埃弗雷特就这场重大战役发表了两个小时的演讲,反响不错。巴尔的摩合唱团起立演唱了圣歌。林肯总统随后走到演讲位,发表了仅有272个单词、仅需两分钟就完成的十句致辞。人们回报以礼貌的掌声。林肯说道:"犁还没有擦净!"他认为自己在这个场合没能说出值得一提的、令人共鸣的话。

但是他错了。《葛底斯堡演说稿》时至今日仍是美国历史上最受尊崇的文献之一。在清晰度和简洁性上,极少有可以与之相提并论的。埃弗雷特向林肯坦承这是一个非凡的成功,他说:"如果我能自鸣得意地说,我在两小时内就像你在两分钟内所做的那样,接近了这个特别仪式的中心思想,那我就很高兴了。"

▲ 两张林肯在葛底斯堡的照片中,有一张是没戴帽子的总统坐在中央

# 罗伯特·E. 李
# 时乖运蹇的北进

罗伯特·爱德华·李坚信攻入北方腹地，胜利才会降临邦联。
于是他率北弗吉尼亚军团开启了第二次进攻北方的巅峰之战。

**作者：迈克·哈斯丘**

1863年春季，邦联罗伯特·E. 李将军在钱瑟洛斯维尔指挥北弗吉尼亚军团战胜了约瑟夫·胡克将军率领的联邦波托马克军团，取得了辉煌战果。

钱瑟洛斯维尔战役的胜利被认为是李将军杰出的战术典范，但他也为之付出了高昂的代价。他旗下能力最强的将军，"石墙"托马斯·J. 杰克逊被友军严重误伤，战后几天去世。

在钱瑟洛斯维尔战役打响之前，李对未来已做了一番深思熟虑。自从去年9月第一次侵入北方并在安提塔姆被击退以后，北弗吉尼亚军团就一直保持着全面防御态势。时至今日，李将军知道不可能依靠防守获得内战胜利，供给不足与物资匮乏最终会耗尽自己部队的战斗力。

尽管失去了杰克逊，但侵入北方领土的时机再次来临。李这一次的目标与1862年他在马里兰战役的目标相似。如果在北方领土上取得重大胜利，邦联进而就可以威胁到马里兰州的巴尔的摩、宾夕法尼亚州首府哈里斯堡，甚至华盛顿特区。联邦政府中的民主党和平派，可能还有来自英国和法国的代表团，将会促使内战在对南方有利的条件下结束。饥肠辘辘的邦联军队能在宾夕法尼亚的乡间得以饱食暖衣，而弗吉尼亚州也将摆脱战争影响，得以喘息。当下还面临一个更为紧迫的问题，邦联在西部战场的情况急转直下，密西西比州的维克斯堡已被联邦军队团团包围。如果现在可以攻入宾夕法尼亚州，将有可能把联邦军队从危急的西部战区引开。

▼ 1863年，邦联罗伯特·E.李将军发起第二次入侵北方行动，促成了葛底斯堡战役的打响

5月中旬，李将军前往位于弗吉尼亚州的邦联首府里士满，与总统杰斐逊·戴维斯和其他政府官员进行磋商。凭借威望，李的第二次入侵北方计划被批准。当然李仍面临着巨大的风险。一方面，他需要把自己的军团分成几个纵队去往宾夕法尼亚乡间搜寻食物；另一方面，他的兵力还不能过于分散，当战机出现时还要能迅速集结，不能贻误战机。在很大程度上，联邦军队的应对是他判定下一步行动的依据。

在北进前，李将军将接近7.5万人的北弗吉尼亚军团重新编成三个部分。第一军由跟随他许久的"老战马"詹姆斯·朗斯特里特将军指挥。第二军，主要由杰克逊的旧部构成，交给理查德·S.尤厄尔将军率领。新成立的第三军则由阿普·希尔将军但任指挥官。他的对手——胡克将军虽然还是超过10万人的联邦波托马克军团的统帅，但他已经失去了林肯总统的信任。总统正在等待一个能让胡克体面辞职的时机，避免让接替他的将军接过一个烂摊子。

6月3日，李下令从弗吉尼亚的弗雷德里克斯堡出兵，直扑卡尔佩珀。北弗吉尼亚军团可以从这里进入谢南多厄河谷。在蓝岭山脉的掩护下，跨越马里兰州和宾夕法尼亚州，最终进入丰饶的坎伯兰山谷。李派遣经验丰富的骑兵部队掩护先头部队一同行动。骑兵指挥官是昵称为"杰布"、恣意张扬的詹姆斯·尤厄尔·布朗·斯图尔特将军，一位英武不凡的模范骑士。

早在5月27日，胡克就得到邦联军队要行动的情报。他于一周后组织起一支骑步兵混编的兵强马壮的部队，交给艾尔弗雷德·普莱森顿将军指挥，前往卡尔佩珀寻机歼灭附近的斯图尔特的骑兵部队。6月9日，内战中规模最大的骑兵战——布兰迪车站之战爆发。大战之前，邦联的骑兵还是此地最不可一世的势力，然而一天之内就发生了天翻地覆的变化。

联邦的突然进袭让斯图尔特大惊失色。他仓促应战，不断挥舞军刀，使用手枪射击。联邦军队从侧翼发起的攻击使守军更加左支右绌，但

▲ 波托马克军团涌向葛底斯堡时，联邦军队占据了宾夕法尼亚州的卡莱尔镇

联邦军队最早发起突击的势头被守军的反攻所缓解。激战一直持续了14个小时，联邦军队最终退出战场。此战，联邦伤亡和被俘人数达935人，而邦联当天损失了525名骑兵。邦联方声称获得了战术方面的胜利。然而，斯图尔特因猝不及防遇袭而让自己颜面难堪，这导致了他之后一次代价高昂的自我救赎。

布兰迪车站之战的第二天，李将军指派尤厄尔率第二军穿越蓝岭山脉，直奔弗吉尼亚的温彻斯特。尤厄尔打败5000多人的联邦驻军，夺取了温彻斯特，并俘虏了3300多人。6月19日，朗斯特里特的第一军放缓通过谢南多厄河谷的行军，以便协助斯图尔特在蓝岭峡口打退联邦骑兵。希尔的第三军紧跟其后。

斯图尔特此时还在为他在布兰迪车站遭袭耿耿于怀，他提议骑兵围绕胡克的军团周边开展一次大胆的骚扰战，不仅能给对方的后方造成严重破坏，还能阻止他们对北进的邦联军队的围堵。斯图尔特的骑兵作为李的军团"眼睛"，对李能准确掌握联邦军队的动向并战而胜之有着至关重要的作用。6月22日，李下令只有在波托马克河南岸的胡克军队保持不动的情况下，斯图尔特才能率军行动。他告诫道："尽你所能，判断你是否可以毫无阻碍地绕过他们的军队，然后从山的东面渡河……渡河后，你必须继续前去查清尤厄尔右翼的情况。"

斯图尔特没有完全遵从李的命令，他带着骑兵于25日早晨向东进发后，与李将军失去联系有

## 李和斯图尔特

罗伯特·E.李将军和他的骑兵指挥官杰布·斯图尔特将军之间的交情已持续了十多年。

当杰布·斯图尔特将军回到北弗吉尼亚军团在葛底斯堡的战场指挥部时,据说罗伯特·E.李将军对这位风度翩翩的骑士报以冷淡的问候:"啊,斯图尔特将军,你终于来了!"虽然1863年7月2日下午的见面没有目击者,但毫无疑问的是,李认为斯图尔特在冒险突袭,并没有完成好他的任务,反而使邦联军队失去了长达一周多的"眼睛"。

这两人的关系第一次出现裂痕可能始于1852年。当时李上校被任命为联邦西点军校的校长,斯图尔特则是一名学员。1859年,李在助手斯图尔特的协助下,带领海军陆战队和马里兰州民兵俘虏了企图夺取哈珀斯费里的联邦军火库并煽动奴隶起义的废奴主义者约翰·布朗。

在内战期间,斯图尔特因出色的骑兵指挥天赋享有盛誉,同时也因为他喜好跳舞和穿着华丽制服而名声大噪。在命运攸关的葛底斯堡战役之前,他曾两次率领骑兵在联邦主力部队周边奔袭骚扰,造成巨大破坏,并侦查到极重要的情报。葛底斯堡战役后,李将军组建了一支骑兵军,并任命斯图尔特为指挥官,但拒绝晋升斯图亚尔特为中将,这或许是对他的一种惩戒。

尽管如此,他们之间的所有裂痕都已弥合。当斯图尔特1864年5月去世时,李得知消息后痛惜道:"每想到他,我都会落泪。"

▲ 恣意张扬的邦联骑兵指挥官杰布·斯图尔特将军,他经常戴着一顶饰有鸵鸟羽毛的帽子

八天之久。这段时间内,李将军对波托马克军团的动向毫不知情。事实上,胡克已将自己的部队转移到弗吉尼亚北部,大约在华盛顿特区西南32千米处。他的骑兵报告证实,李的部队正沿谢南多厄河谷向北行进,绵延数千米。

6月19日,邦联的先头部队渡过波托马克河。尤厄尔第二军中的罗伯特·罗兹将军带着自己的师深入宾夕法尼亚州32千米,抵达钱伯斯堡。李将军告知尤厄尔,如情况有利于己方,应该掉头夺取哈里斯堡。尤厄尔命令罗德斯将军和爱德华·约翰逊将军先攻下宾夕法尼亚州的卡莱尔,再去打哈里斯堡。同时派朱巴尔·厄尔利将军的部队前去萨斯奎哈纳河上的莱特斯维尔。这造成李在宾夕法尼亚州南部的部队最终被拉伸成一条长达115千米的战线。尽管已爆发了一些小规模的冲突,但李仍然对波托马克军团的具体消息一无所知。

6月26日下午,厄尔利的军队进入葛底斯

**哈里森声称波托马克军团实际上已经进入马里兰州,对李分散的部队已构成足够大的危胁。**

堡。这位邦联将领要求小镇上交价值1万美元的补给。当镇上的居民回答说他们无能为力时,厄尔利急着继续行军,于是安排手下组织了一次对居民隐藏粮食的短暂搜寻。他发现附近有一家制鞋厂。因为许多邦联士兵在进入宾夕法尼亚州时都没有鞋子穿,厄尔利于是给阿普·希尔草草写了张便条,通知第三军的士兵可以在鞋厂找到鞋子。一天后,厄尔利率部进军宾夕法尼亚州的约克镇。他的师归属约翰·B.戈登将军指挥,先头部队则继续向莱特斯维尔前进,但当他发现对手的1400名民兵撤退时,横跨萨斯奎哈纳河的廊桥燃起了大火。因此他想趁着尤厄尔第二军其余部队从卡莱尔前来时从东南方向先进攻哈里斯堡的计划便破产了。厄尔利于是撤回到约克镇,等待下一步命令。尤厄尔从卡莱尔派出一支骑兵旅前往哈里斯堡。28日晚,这些骑兵宿营在离宾夕法尼亚州首府6千米的地方,这是南北战争期间邦联军队对北方领土最深入的一次渗入。

李直至28日仍然没有收到斯图尔特的任何消息。然而当天晚上,一个名叫哈里森的间谍给他带来一条令人震惊的情报。此人是朗斯特里特向北进军之前就派到华盛顿特区的间谍。哈里森声称波托马克军团实际上已经进入马里兰州,对李分散的部队已构成足够大的威胁。李于是急令各军向卡什镇和葛底斯堡附近集结,准备与他认为已行进到附近某个地方的敌人交战。当邦联军队还在宾夕法尼亚州四下潜行活动的时候,胡克因为抗议他的作战请求被否决,而递交了辞去波托马克军团司令的辞呈。他的计划是放弃联邦在马里兰高地和哈珀斯费里的阵地,并把那里的一万名士兵重新划归他指挥。6月28日,乔治·米德将军从军长被提拔为军团司令。当晋升命令送达给米德时,他一开始还把晋升通知当成了对自己的逮捕令。米德就任后加强了距离邦联军最近的第一军、第三军和第六军的联系,强调了相互支援的要求,第二天一共行军了40千米到达宾夕法尼亚州的州境线。6月30日上午11点左右,约翰·布福德将军带领骑兵师一路在前,策马小跑着进入葛底斯堡。

镇上的人都很激动,因为邦联将军詹姆斯·佩蒂格鲁的一旅士兵刚刚离开。他们是希尔第二军中亨利·赫斯将军所率师的部下,刚刚来镇上搜寻那些"宝贵"的鞋子。因李将军已经下达北弗吉尼亚军团集结时不得与联邦进行全面交战的命令,佩蒂格鲁看到布福德骑兵师蜿蜒的纵队时,就先撤退了。当天下午他将此事汇报给赫斯,希尔也参与了讨论。他断言波托马克军团还在几英里之外。赫斯于是得到第二天早上返回葛底斯堡的许可,并最终"得到了那些鞋"。

布福德的骑兵师夜晚扎营时,他预料到邦联会在7月1日的日出时分进攻,并认为自己必须拼死一战,坚持到支援他的联邦步兵赶到。即使李将军告诫他们不要引起全面交战,在双方指挥官都无意作战的地方,赫斯和布福德还是撞到了一起。

▲ 当联邦约翰·布福德将军率骑兵师挡住邦联亨利·赫斯将军的步兵时,葛底斯堡战役爆发了

# 葛底斯堡战役

葛底斯堡战役是美国内战最为血腥的一场战役，夺去了6000多人的生命，被许多人视为整场激烈冲突的转折点。

## 宾夕法尼亚州 1863年7月1—3日

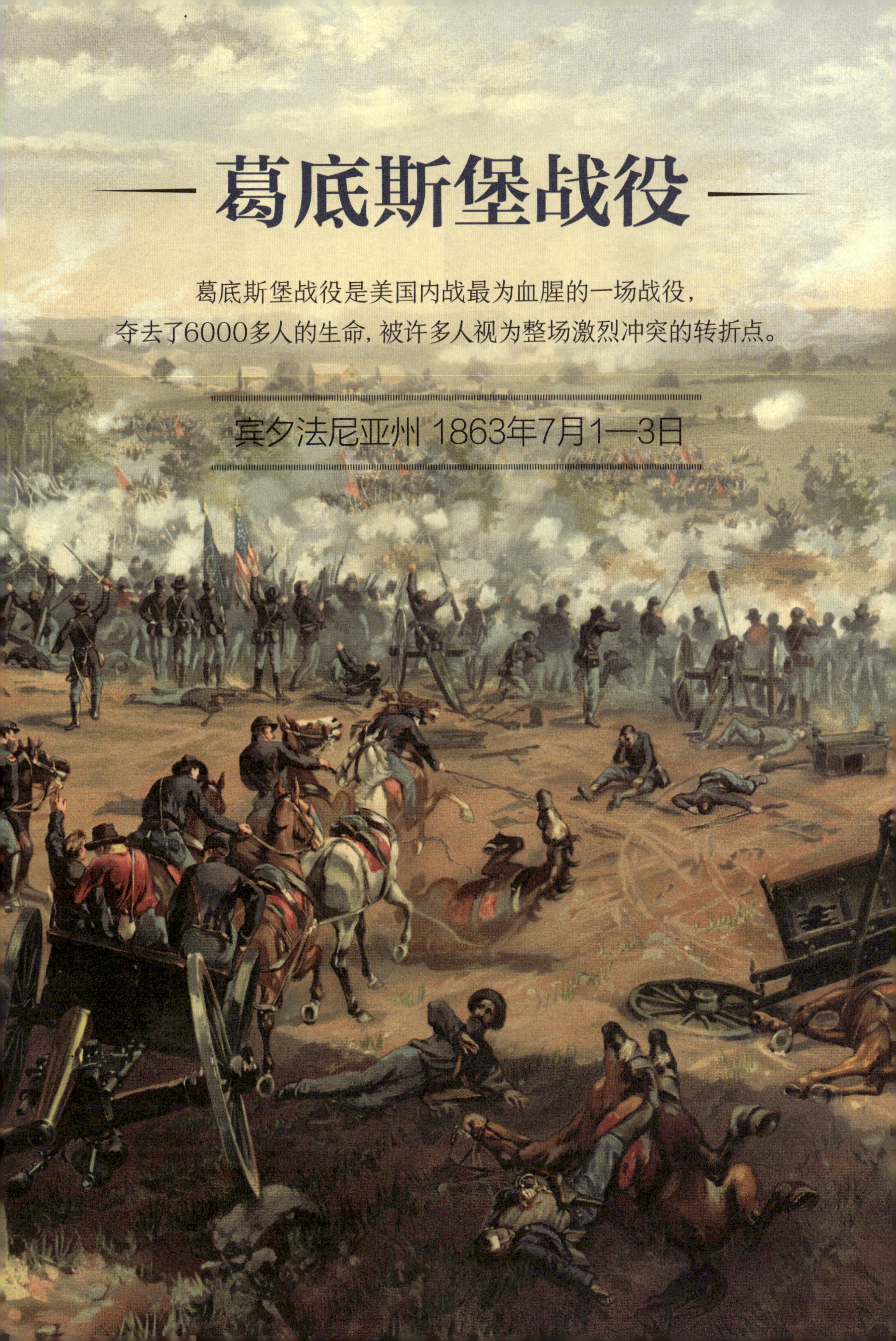

## 08 重整旗鼓

随着 7 月 2 日的夜幕降临，战场上已有超过 1.4 万人伤亡。联邦军队现在沿着墓园岭、墓园山，向南直至小圆顶部署防线。由于白天支援西克尔斯的防守阵地，导致防御力量不足，联邦军方面在晚上勉强击退了邦联对其右翼的进攻。第二天联邦军又击退了邦联对自己右翼寇普岭和斯潘格勒泉发动的多次进攻。

## 01 形成防线

7 月 1 日联邦军队撤退出葛底斯堡后，米德将军将他的部队编成了一个颠倒过来的鱼钩形状。鱼钩的弯钩部分朝北，正对城镇的方向，长边正对从西而来的邦联军队。据守高地的联邦军队紧密部署到一起，可以互相支援。米德有信心击退任何进攻。

## 06 小圆顶之战

由于弹药不足，伤亡惨重，约书亚·张伯伦上校命令他的士兵们上刺刀，与邦联军队展开肉搏，他发起反冲锋，彻底击溃了叛军的进攻。

## 07 第二天战果

西克尔斯的第三军受到邦联方的猛烈进攻，麦田和"恶魔巢穴"都落入邦联军队的掌控。当西克尔斯和士兵撤退到他们守卫的墓园岭山脊时，他被一颗炮弹击中了腿部。第三军的撤退在联邦军阵地中部造成了一个巨大的缺口，为防止军队被分割成两半，联邦一方的防线匆忙进行了调整。

# 内战使用的武器

内战中,人们掌握的武器种类多数量大,致命方式各不一样。

作者:戴维·史密斯

## "斯普林菲尔德" M1861 式步枪

### 首选武器

滑膛枪击中目标的准确度很低,因此人们偏向于密集使用滑膛枪进行齐射,以期击中目标。M1861式步枪装备了40英寸长的线膛枪管,比它的滑膛枪前辈杀伤力要大得多,更加致命。它使用的米涅弹,很容易装滑到装有膛线的枪管中。当击发时,子弹会扩大膨胀并和枪管的膛线凹槽完全吻合。

M1861式步枪的击发速度仍然很低,大约每分钟能发射三枪,但射击的有效距离要大得多,通常能达到300码。这使得线膛枪成为美国内战战场上的主要武器。为了满足大量需求,步枪生产被授权给不同的承包商。内战期间步枪制造总量超过100多万支,联邦和邦联军队都在使用这种武器。

▲ 线膛枪的出现是武器设计的一大飞跃

## 刺刀

### 恐怖的化身

刺刀是一种令人恐惧的武器。但实际上很少有士兵被它伤害或杀死。然而,这并不意味着它无用。当精确的步枪射杀或炮火抵挡不住敌人时,使用刺刀的白刃战足以吓退对方。因此,刺刀更多的是一种心理战武器。当敌人冲到近前时,如果守军害怕被刺刀刺中,则意味着极少有人还有足够的勇气坚守阵地。

▲ 带刺刀的步枪

## 臼炮
### 攻城的行家

12磅的"拿破仑"炮可能是野战的主力火炮,但在攻城战中,则是臼炮大显身手。这些模样低矮、丑陋的大炮射出的炮弹能沿着陡峭的弹道,高高越过防御墙。这使得围城的军队可以杀伤守卫要塞的部队,至少可以阻止守军轻松地操控自己的城防炮。臼炮根据炮口直径,使用的炮弹直径在5.82英寸到13英寸之间。

▲ 炮手们操控着各种式样的臼炮,如图中前方这种发射44磅重炮弹、8英寸口径的火炮

▼ 1864年,黄酒馆战役的骑兵冲锋,这把军刀在画中尤为突出

## 骑兵的军刀
### 从远古时期延用下来的武器

内战时期,少有比骑兵的军刀更能显露战争向现代化过渡的代表性武器。因为它在许多世纪以来的战争中都发挥着突出的作用。传统的刀剑在内战的武器库中仍然占有一席之地。然而,随着导致惊人战损的骑兵冲锋变得越来越少,骑兵在新的小规模战斗中的角色更倾向于使用手枪或卡宾枪代替军刀。但通常它还被带在身上,只不过很少发挥作用。

◀ 内战中大约制造了30万把32英寸长刀刃的M1860式骑兵佩刀

## "夏普斯"卡宾枪
### 骑兵的主要武器

对骑兵作战而言,全长的线膛枪是一种不实用的武器。而卡宾枪已实用化几十年,"夏普斯"卡宾枪是夏普斯公司步枪的一个短枪管版本,被证明更受欢迎,特别是在联邦军队尤甚。"夏普斯"卡宾枪不像全长的线膛枪那么笨重、不便携带。它的射速达到每分钟十发,内战结束后许多年它仍在发挥作用。

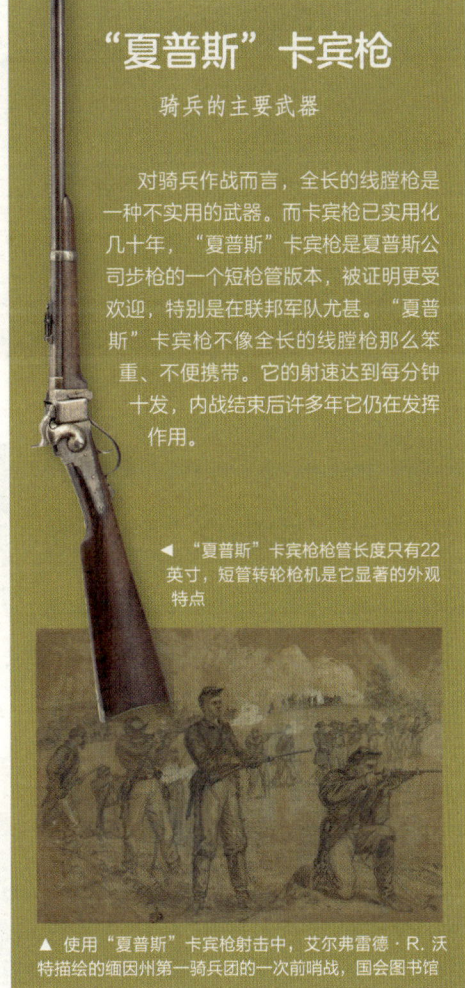

◀ "夏普斯"卡宾枪枪管长度只有22英寸,短管转轮枪机是它显著的外观特点

▲ 使用"夏普斯"卡宾枪射击中,艾尔弗雷德·R.沃特描绘的缅因州第一骑兵团的一次前哨战,国会图书馆

·133·

▼ 战后在华盛顿特区展出的"加特林"枪

## "加特林"枪
### 代表未来发展的武器

尽管美国内战期间极少使用到"加特林"枪，但它的确是战争中的代表性武器之一。作为现代机枪的先驱，它通过操作曲柄来击发，每分钟可以射出200发子弹。因为使用六个枪管轮流击发，代替了一直用一个枪管进行射击，这种旋转式的设计更有助于快速发射，而且不会使枪管过热。美国政府直到战后才正式采购"加特林"枪，很有限的几架是私人购买的，提供给联邦指挥官使用。

## M1857式"拿破仑"野战炮
### 战场上的主力

作为美国内战期间最常见的野战装备，这种12磅的滑膛炮已接近使用它的终点。虽然线膛炮已投入使用，但"拿破仑"炮（以拿破仑三世命名）以它的简便性和可靠性，同时被南北双方采用。它可以发射实心弹，开花弹或霰弹（近距离）。它用途广泛，但随着步兵火力射程和威力的提升而面临淘汰。青铜制成的炮身（一些铁炮仍在使用）在战场上并不方便进行操作，因此还采用了几种小口径炮，以方便行军携行。尽管"拿破仑"炮不再是统治战场的恐怖之物，但一组"拿破仑"炮群仍具有相当大的威力，它的有效射程可达一英里。

▲ 炮手对他们12磅的"拿破仑"炮的可靠性和有效性倍加推崇

▲ 步兵发起集团冲锋时，仍然为野战炮提供了诱人的目标，野战炮在近距离时可以转为发射霰弹

## "斯宾塞"连发步枪

### 步兵火力的变革

一种比标准制式步枪射速更快的枪无疑更加诱人，虽然有人怀疑这会增加耗费。"斯宾塞"连发步枪还是顶着这种顾虑被大量投入生产，并在奇卡莫加战役和葛底斯堡战役中被广泛使用。它一次可以将七发子弹送进弹匣，只要扣动枪机就可以弹射出用过的弹壳，同时把新的子弹送进去。

▲ 大约有20万支"斯宾塞"连发步枪被生产出来，使联邦军队在战场上取得火力优势

## "柯尔特"陆军型 M1860 式转轮手枪

### 多面型的随身武器

"柯尔特"手枪被广泛装备到步兵、炮兵、骑兵和海军中，是战争中最通用的武器之一。其中0.44口径的陆军型号产量最高。"柯尔特"陆军型手枪的装弹并不像因好莱坞而家喻户晓的0.45口径的"和平制造者"那么简单。它使用纸壳弹，装填时需要单独夯实。装满子弹后的"柯尔特"陆军型转轮手枪可以发射六发子弹，有效射程可达100码。

◀ 一种改进的7.5英寸枪管的"柯尔特"陆军型手枪

## "鲍伊"刀

### 叛军的挚爱

虽然大家都很熟悉"鲍伊"刀这个名字，但对它的定义却很模糊。通常"鲍伊"刀指的是带刀鞘的大刃刀。最初它几乎和屠刀一样，是一种实用工具。邦联的士兵喜欢它更胜过刺刀。它可以作为烹饪工具和通用工具使用，承担起额外的作用。但它的本质还是格斗武器。它以吉姆·鲍伊的名字命名，据说他在著名的"森巴之战"中使用了这种类型的刀。

◀ 英国制造的"鲍伊"刀，由乔治·威斯坦霍姆父子有限公司出口到美国

# 林肯的全面战争

1864年，尤利西斯·S.格兰特指挥投入战场的全部联邦军队，对邦联施加了无情的压力。

作者：迈克·哈斯丘

他自西部战区而来，是应亚伯拉罕·林肯总统的要求，前来接手战场上所有联邦军队的指挥权。他是这场令人痛苦万分的战争中的英雄。

1864年3月8日下午，华盛顿特区威拉德旅馆大厅里的人熙熙攘攘。没有人注意到有一位带着自己14岁儿子，穿着不整洁的制服、毫不起眼的联邦军官。接待员告诉他只有一间楼上的客房，行李还需要搬上好几层楼。

这位军官同意了，并尽心尽责地在登记簿上登记上姓名等信息"U.S. 格兰特和儿子，伊利诺伊州格林纳"。

当接待员转过身看到签名时，他大吃一惊。于是很快二楼就空出一间套房，他亲自把军官的包抱在怀里，陪同他们上楼。尤利西斯·S. 格兰特不是一名普通的军官，他自西部战区而来，是应亚伯拉罕·林肯总统的要求，前来接手战场上所有联邦军队的指挥权。他是这场令人痛苦万分的战争中的英雄。不久，格兰特就将是50多万人军队的统帅，而他最主要的任务就是打败自吹自擂的邦联将军罗伯特·E. 李和他的北弗吉尼亚军团。

颇为好笑的是，格兰特自1843年从西点军校毕业到内战爆发前，他几乎在自己人生的每一项事业上都一败涂地。他曾在美墨战争期间服役，但1854年就离开军队，定居于密苏里州他岳父的一处农场。在这个被他称为"贫困农场"的地方艰难谋生。举步维艰之时，他不得不在圣路易斯的大街上卖柴火。在与人合伙经营房地产的生意失败后，他在岳父的皮具店找了份工作。

到了1861年，格兰特终于否极泰来。鉴于他的军事经验，他被任命为伊利诺伊州志愿军的上校。几个月后，又被提升为准将。1862年2月，他率军在密苏里州打了一个小胜仗。后因为攻克田纳西州的亨利和多纳尔森两个要塞，格

▲ 威廉·特库姆塞·谢尔曼以躁动和精力充沛而著称，这让他周围的人疲惫不堪

兰特这个名字登上了全国性的头条新闻。邦联多纳尔森要塞的指挥官提出投降条件时，被格兰特告知只有"无条件投降"才行得通，于是这位胜利者就被大众称为"要敌人无条件投降的格兰特"。

### 赢取胜利

1862年4月，格兰特的部队在夏伊洛战役受挫惊魂未定时，第二天他就与威廉·T. 谢尔曼将军会合，并最终打赢了此战。接下来，经过一场漫长的战斗和围困，1863年7月4日，格兰特率军又夺下维克斯堡市，使联邦军队全面掌控了整

**同他的前任不同，格兰特抓住了他所拥有的战略优势。**

条密西西比河，成为国家的英雄。11月，格兰特指挥部队包围了重要的铁路枢纽——田纳西州的查塔努加，后来此地成为谢尔曼发动"亚特兰大战役"和最后"向海洋挺进"行动的补给基地，格兰特的名声也得以进一步远扬。

与此同时，东部战区的战况令在华盛顿特区的林肯一筹莫展。罗伯特·E.李以智取胜，接连打败了指挥联邦波托马克军团和其他多支部队的先后继任者。李将军1863年7月在宾夕法尼亚州葛底斯堡遭遇惨败，乔治·米德将军和波托马克军团扭转了邦联对北方的入侵行动。但是林肯对米德没能乘胜追击李将军，并彻底打垮北弗吉尼亚军团大失所望。他期待着格兰特能完成这项任务。

1864年3月10日，格兰特来到正在弗吉尼亚州布兰迪车站越冬的波托马克军团，并会见了米德。预料自己将被解职的米德先提出了辞职。格兰特拒绝了他的请求，并且告知米德，在接下来的春季战役中，他作为总司令将与波托马克军团并肩作战。这是一个让人奋发蹈厉的承诺。

同他的前任不同，格兰特抓住了他所拥有的战略优势，并千方百计利用好这些条件从而迫使李屈服。格兰特认为，全面战争会给南方平民制造苦难，破坏南方的基础设施，这将非常令人难以决断。但打一场消耗战终究会让己方获胜。工业化的北方可以无限量地生产物资和军备，而南方的可持续生产却步履维艰。北方的兵源源源不绝，而李的队伍却越打越少。此外，当北方的铁路线提供快速的运输和补给时，李还在努力保护这些重要的动脉不被阻断。格兰特还暂停了假释和交换囚犯的计划，让南方和北方的监狱里不再空空荡荡。他明白此举会让许多被囚禁在南方的联邦士兵备受煎熬。但叛军不被释放，就不会再次加入邦联军队。尽管这一举动带有一丝残忍，遭到了北方媒体的谴责，但它加速了战争的结束，或许还挽救了更多的生命。

格兰特设想了一个大胆而又自信的重大作战战略。5月初，波托马克军团渡过拉比丹河，自北向邦联的首都里士满推进。本杰明·巴特勒将军率领詹姆斯军团将在里士满的南方集结。李将军如果选择战斗，他将被击败；如果选择后撤去保卫里士满，联邦军队就会围着里士满市套上绞索，慢慢地扼杀邦联的首都。同时，格兰特还将派弗朗茨·西格尔将军率领一支部队冒险深入邦联的粮仓——谢南多厄河谷，切断铁路线，毁坏所有可能提供给李的食物和补给。西部战场方面，谢尔曼将军将指挥联邦军队攻入佐治亚州，击败邦联约瑟夫·约翰斯顿将军的田纳西军团，在攻克亚特兰大后再拿下萨凡纳港，最后再转向北方，横扫卡罗来纳州，在邦联腹地留下一条毁灭之路。格兰特知道时间掌握在联邦一方手中，

他不用担心战略的任何一部分被耽误或遭遇暂时的失利,只要坚持给予对方延绵不绝的打击,胜利终将属于联邦一方。

## 莽原之役

在1864年的春天,北弗吉尼亚军团仍在进行激烈的战斗。李的部队约有6.5万人,大约是其对手兵力的一半。他下辖詹姆斯·朗斯特里特将军的第一军、现在由理查德·尤厄尔将军指挥的原"石墙"杰克逊的第二军,以及由安布罗斯·鲍威尔·希尔将军领导的第三军。

就在比丹河的对面,是一个被称为"莽原"的地区,这里生长着茂盛的荆棘、灌木丛和次生林。1862—1863年双方在弗雷德里克斯堡和钱瑟洛斯维尔附近交战时,都对这个地区很熟悉。格兰特希望穿越这片险峻的地形,从更开阔的地方攻打李的右翼。然而李察觉到格兰特的行动,

▲ 联邦将军尤利西斯·S.格兰特(左)主导了一场针对罗伯特·E.李将军和邦联军队的全面战争

比格兰特所预期的更早就做出了反应。两军5月5日中午就陷入了生死之战。

为期两天的莽原之役像是一场使用枪炮的酒吧混战。茂密的森林遮挡住双方视线，限制了部队的部署，在一定程度上抵消了联邦在兵力上的优势。而这正是李所希望的。这场战斗始于邦联尤厄尔的第二军撞到在奥兰治公路上的联邦古弗尼尔·K.沃伦将军的第五军。战斗很快就发展成小群士兵在灌木丛中互相伏击，一些人在战斗的浓烟中盲目开火。爆炸的炮弹点燃了干燥的灌木丛，被火焰吞噬的伤兵无法逃脱到安全地带，他们发出的哀嚎使战场变得愈加恐怖。

天黑后，双方停止战斗，谁都没有占到上风。但李的右翼部队还处在联邦的威胁下。增援部队整夜不断地赶来。格兰特计划凌晨4点再次发起对邦联军队的攻击。但因为很难掌握部队在森林里的部署情况，他的部下说服他推迟一个小时后再行动。5月6日的黎明，温菲尔德·斯科特·汉考克将军指挥第二军顺着普兰克路向邦联希尔的部队发起进攻。最初他们打得叛军连连后退，但朗斯特里特带人前来支援希尔动摇的防线，并于中午时分发起猛烈的反攻。朗斯特里特的肩膀在混战中被友军误伤，遭受重伤，在战场中这样的情况很常见。

汉考克沿布罗克路构起一条防线。在暮色渐浓的情况下，约翰·B.戈登将军向暴露的联邦右翼发动进攻，并突破了对方防线，把惊慌失措的联邦士兵赶向格兰特的司令部所在地。联邦方面于是收拢部队，以避免溃败。"莽原之役"最终在战术方面打成平局。联邦方面伤亡近1.8万人，邦联方面伤亡1万人。以往部队遭到这么大的伤亡时，联邦一方的指挥官们习惯选择撤退，重整旗鼓后再战。但格兰特却不一样。夜里，他命令疲惫不堪的联邦军队鼓起精神，继续向位于南方的斯波齐尔韦尼亚县府进军，不断地向李将

## 伟大战略的波折

当格兰特在进攻李将军时，谢尔曼在西部战场节节胜利，巴特勒全军却被困在百慕大。

格兰特发起"陆上战役"时，他的好友威廉·T.谢尔曼将军从查塔努加向南进攻，成功结束了亚特兰大战役。经过新希望教堂、肯尼萨山、桃树溪、以兹拉教堂、琼斯伯勒以及发生在其他地方的一系列死伤相枕的激战，谢尔曼于1864年9月2日夺得战役胜利。进入秋天，谢尔曼又筹划了"向海洋挺进"行动，到12月时，他为联邦拿下了萨凡纳港。但因为邦联约翰·贝尔·胡德将军率军从亚特兰大地区攻向西北，谢尔曼被要求分兵解决对方这一实属不智的进攻。邦联军的进攻在11月田纳西富兰克林战役和12月的纳什维尔战役中以连遭两场惨败而告终。

与此同时，被格兰特寄予厚望的詹姆斯军团，抢在北弗吉尼亚军团加强防御之前夺取彼得斯堡铁路枢纽的行动却毫无进展。这主要是由于军团司令官本杰明·巴特勒将军表现平平所致。巴特勒受益于政治背景而被任命，缺乏主动进攻的能力，邦联军队在博勒加德将军的指挥下占稳了彼得斯堡。随着李率军团主力到达后，联邦已经错过夺下彼得斯堡的机会。格兰特只能着手围困住这座城市。格兰特不信任巴特勒的指挥能力，但由于巴特勒的政治背景，被束缚手脚的格兰特表现出的沮丧是显而易见的。巴特勒最终被解除了指挥权，但在这关键时期，他的部队依旧被困在彼得斯堡东北部的百慕大纹丝不动。

▶ 受益于政治背景被任命的本杰明·巴特勒将军，未能率领联邦詹姆斯军团完成进攻里士满的任务

▲ 冷港战役是格兰特将军和联邦军队在陆上战役期间遭受的一次重大挫折

## 冷港的幽魂

联邦士兵在"陆上战役"中的冷港被屠杀,使尤利西斯·S.格兰特余生都心神不安。

发起惨痛冲锋的前夜,身在冷港的联邦士兵已意识到这一次将有难以预计的伤亡。他们中的许多人将无法在这次令人痛心的进攻中幸存。任格兰特将军幕僚的霍勒斯·波特中校,在惨淡的夜晚走进兵团。他回忆道,"当我走进一个正为第二天早上做进攻准备的兵团时,我发现许多士兵都脱下他们的外套,似乎在缝补上面的破口……仔细一看才知道,这些士兵们正平静地把自己的名字和家庭地址记到纸条上,然后把它别在自己外套的背面。如果牺牲,他们倒在野外的尸首能够被分辨出来,家里的亲人也能得知他们的命运。"

1885年,格兰特死于喉癌。这位连任两届的前总统临终前挣扎着写完两卷本的回忆录。他希望这本书在他死后能给他的家人提供一份版税收入。格兰特在文中坦承冷港战役的恐怖,他总结道:"我一直都很悲痛,下令最后一次进攻冷港……我们在冷港遭受的巨大损失得不到任何弥补。"司令官的职位在这也并不令人羡慕,北方也有些人甚至骂他为"屠夫格兰特"。无论如何,战争是肮脏的。格兰特背负着战争导致的死亡阴影走进了自己的坟墓。

军施压。当意识到他们并没有后退时,全体士兵发出了欢呼。

当李得到格兰特改变比赛规则的消息后,他意识到联邦军队将目标定在了斯波齐尔韦尼亚县府。如果格兰特成功占据十字路口镇,波托马克军团就将横亘在北弗吉尼亚军团和里士满守军之间。双方都要争夺此地,李想方设法第一个抵达斯波齐尔韦尼亚县府。

斯波齐尔韦尼亚的战斗持续了两个星期。5月9日至10日,邦联一方筑起了木制防御工事,抵挡住汉考克军早期的进攻。10日,联邦埃默里·厄普顿上校率领12个团的士兵冒着猛烈的炮火,勇敢地冲过一片开阔地带,与守在被称为"骡子蹄"土垒里的对手展开肉搏战。进攻方最后被打退,功亏一篑。11日,在耶洛客栈爆发了一场较大的骑兵战,最终虽然也未能分出胜负,但深得李信任的骑兵指挥官杰布·斯图尔特将军死于此战。

就在同一天,格兰特给忧心忡忡的林肯发出一封电报,他说道:"现在已经进行了六天的激烈战斗……到目前为止战况对我们非常有利。哪怕打到夏季结束,我也要在这条战线决出胜负。"

5月12日,汉考克派了2万名士兵扑向邦联的胸墙工事持续发起进攻,战斗长达22个小时。在一个后来被称为"鲜血角"的地区,战斗尤为残酷。李将军白天骑马来到前线,不惜将自己暴露在敌人的炮火下,意图亲自带领队伍进行反攻。但是士兵们不愿意他们的老上级冒险,直至他被带到安全区域,士兵们才在约翰·贝尔·胡德将军的带领下发起反攻。叛军打退了联邦一方的进攻,巩固住自己的侧翼阵地。精疲力竭的一天终于结束了,李命令全体撤到新的后方防线上。

▲ 尤利西斯·S.格兰特为他的家人在密苏里州的宅基地上建造了这座棚屋,称它为"贫困农场"

▲ 联邦军队在"陆上战役"中使用的浮桥，如横跨詹姆斯河的这座桥

格兰特查看了邦联的防御工事，经过几天一系列的进攻和反击，李的防线依然坚如磐石。格兰特意识到继续进攻徒劳无益，他再次命令部队向南进军。在斯波齐尔韦尼亚县府的两周激战，总共造成3万人伤亡和被俘，其中联邦军队损失1.8万人。尽管伤亡记录还在增加，但格兰特获胜的决心毫不动摇。

5月21日，联邦军队渡过北安娜河，李将军再次被迫将他的军队部署到敌人和邦联首都之间。格兰特认为奥克斯福德的邦联防御工事过于坚固，于是放弃进攻此地。5月26日，联邦军队涉水渡过帕芒基河，坚定地朝里士满推进。李则保持行军步调，沿着托波托莫伊河一路布置防御。5月30日，两军在附近的贝塞斯达教堂擦肩而过，都向着里士满东北方向16千米左右的冷港进军。

冷港位于1862年盖恩斯磨坊老战场的附近，也是一个不起眼的十字路口城镇。然而，当1864年春天南北两边的军队都在这会集后，它就在内战史上占据了一个骇人听闻的地位。6月2日，汉考克军团没有像格兰特所希望的那样及时赶到战场。格兰特精心筹划的进攻计划被迫推迟一天。耽搁的一天让被围困在冷港的邦联部队有了挖掘工事的时间。6月3日，或许因失去一次良机而懊恼的格兰特将军，命令足足5万人的三个军一起大举进攻邦联防线，结果造成惨不忍睹的后果。

勇敢的联邦军人在进攻冷港中大量阵亡。一

**尽管伤亡记录还在增加，但格兰特获胜的决心毫不动摇。**

名邦联士兵回忆道,他们死的时候"就像一排排的砖块或房屋互相撞击而倒下"。叛军将军伊万德·劳一针见血地指出:"这不是战争,这是谋杀。"联邦有一个旅20分钟就损失了1000人。据估计,波托马克军团当天损失高达7000人。接下来的九天里,两军一直在冷港相持不下,联邦一方伤亡近1.3万人。格兰特仍然坚持不撤退。

6月12日晚,格兰特从前线撤下波托马克军团,从右翼转向詹姆斯河,并利用趸船和浮桥成功渡河。他没有直奔里士满,而是去往里士满以南37千米的彼得斯堡铁路枢纽,计划切断通往邦联首都的补给线。李最大的担忧变成了现实。彼得斯堡的陷落将使邦联首都陷入绝境,也可能使整个东部战场失守。6月中旬,李阻止格兰特彻底占领彼得斯堡,还避免了和联邦发生决战。只不过他不得不要同时守卫住彼得斯堡和里士满。

"陆上战役"给波托马克军团造成6万人的战损,使北弗吉尼亚军团损失了3.5万人。但是叛军被击溃,机动作战已结束。格兰特重新安排他的进攻策略,率军围困住彼得斯堡,将李钉在此地苦苦防御了九个月,最终令里士满失守,战争取得胜利。

▼ 1864年8月17日拍摄于安德森维尔监狱的照片，展现出联邦俘虏脏乱污浊的生活环境

# 囚禁中的生与死

战俘们在内战期间忍受着恶劣的生活条件和极度的物资匮乏。无论在南方还是北方,许多人都死于战俘营中。

**作者:迈克·哈斯丘**

肯塔基州第八骑兵团上尉弗朗西斯·马里昂·黑德利因为妻子去世,想从邦联军队辞职回家照顾孩子。但是他的请求被拒绝,反而被要求回"蓝草之州"去招募更多的士兵。

这种募兵实际上劳而无功。但对于黑德利上尉,曾经在田纳西州和密西西比州征战过的老兵而言,这还不是最糟糕的事情。黑德利自己当了逃兵,又被支持联邦的人给包围住,那些人还都是他以前的朋友。他们因为对肯塔基州的形势认识不同而分道扬镳。抓捕他的人想射杀他,好在一名联邦军官救了他,于是他成了联邦的战俘。

这已是他第二次作为战俘,被送往一个前途未卜的世界。黑德利前一次是在密西西比州的钱皮恩希尔被俘,随后作为交换战俘回到邦联。然而这一次,在战争即将结束时,他被关押到约翰逊岛的联邦监狱。监狱位于俄亥俄州桑达斯基几英里外的伊利湖附近,占地1.65英亩,有12座两层营房,一家医院,四周围着4.5米高的栅栏。1862年4月开始收容战俘。原计划容纳2500名囚犯,但最终关押了1.5万名邦联军人。他们在这里要煎熬着度过零度以下的冬天。

值得注意的是,据说只有300名囚犯死于监狱。黑德利战后被释放回家,这段经历严重地影响了他的后半生。尽管如此,他仍可被视为幸运儿之一。

大多数囚犯所经历的关押生活都很残酷,往往令人难以忍受。囚犯们普遍没地方住,吃不上饱饭,衣衫褴褛。虽然南方战俘营的残酷更广为人知,特别是以地狱之称而臭名昭著的安德森维尔监狱;但一个显而易见的事实是,北方和南方的囚犯都在悲惨的囚禁中遭受着巨大的苦难。

1861年至1865年,联邦和邦联政府一共下令建造了超过150座监狱。尽管在押战俘的人数随时都在变化,但内战的官方记录为总共有

# 非洲裔美国战俘的视角

南北双方的军人和政客就给予非洲裔美国战俘什么样的待遇意见不一。

邦联国会在内战初期就宣布,"供给战俘的口粮须与供给邦联士兵的口粮,在数量和质量上一致"。这些承诺随着物资短缺成了空话。物资匮乏不仅影响着邦联的平民和军人,也不可避免地影响到联邦战俘的命运。

身穿蓝色制服,作为美国军队士兵为自由而战的非洲裔美国人,在邦联人眼里视有如无。1863年5月1日,邦联国会宣读了一份联合决议,"凡属委任军官的白人……如指挥武装的黑人或黑白混血人反对邦联各州……均须视为煽动奴隶暴动。如被抓获,则须经过法院裁决被处死或酌情以其他方式予以惩罚"。此外,国会还纵容处决非洲裔美国战俘,规定所有被押的"黑人或黑白混血人"战俘应被判处死刑。

亚伯拉罕·林肯总统则回应称,战俘没有肤色区别,凡有一个在邦联重新沦为奴隶的非洲裔美国人,联邦都将让一个邦联战俘去服苦役。

事实上,邦联并不承认非洲裔美国人是战俘,而是鼓励奴隶主以主人身份收回他们的"财产"。不过,记录显示,军队处决了一些非洲裔的战俘。另外的一些被关押到至少九个南方的战俘营中。安德森维尔监狱的记录显示大约有100名非洲裔美国人与他们的白人军官一起被隔离对待。

34.7万人被关押,其中包括12.7万名联邦人和22万名邦联人。超过4.9万人死于囚禁,而且两方死亡人数惊人地接近,共计22580名联邦人和26440名邦联人。战俘的总体死亡率约为14%。

双方都没有做好应对四年战争带来大量战俘的准备。大多数观察人士认为,这场战争只会持续几周或几个月。然而,到处都变得资源紧缺。残酷的现实让那些被俘的人甚至考虑当初战死或许是更为自己接受的结果。被俘的人度日如年,变得憔悴不堪。他们期望会因病痛、挨饿颤抖而得到照顾,或者不惜被埋一死而得到解脱。

1862年双方时断时续地执行了战俘交换制度。联邦和邦联政府也都承诺人道对待战俘。然而,这一制度却无法维持下去。由于物资持续短缺,不可能给囚犯提供足够的生活所需。特别是南方,供给更加短缺。

1864年,联邦军总司令尤利西斯·S. 格兰特将军暂停交换战俘,以防止被释放的邦联军人重新加入敌军。务实的格兰特知道,消耗战是全面战争的一个必要手段,它将加快联邦获胜的进程。他解释道:"如果不交换,我们被关押在南方监狱的将士将会过得很艰难,但这对于还在队伍里为我们而战的人更加人道。每个被假释或以其他方式释放的人又将立即成为反对我们的在役军人。如果我们继续释放所有战俘的交换制度,我们就不得不继续战斗,直到整个南方被消灭为止。"

当政治家和军方领导人还在辩论时,战俘的生命已危在旦夕,苦难仍在继续。

尽管其他监狱建立得更早,但南北战争期间,无论哪一方阵营,最为臭名昭著的是安德森维尔监狱。它位于佐治亚州梅肯西南96千米处,坐落在萨姆特郡的荒野中。1864年2月24日,安德森维尔只有600名联邦战俘。4月格兰特暂停交换战俘后不久,这个数字就增加到了2万多。原来的监狱占地16.5英亩,甜水溪从中流过。监狱指挥官亨利·维尔茨少校7月时下令再扩大10英亩监舍。到8月,距安德森维尔监狱接收第一批囚犯仅仅5个月后,就发生了2994起死亡事件。疾病肆虐,河水发臭,饮用这些水的人就会患上痢疾。虱蚤传播着伤寒和其他疾病,不断蹂躏着囚犯们。

纽约第八十二步兵团的列兵普雷斯科特·特雷西回忆说:"新来的人一到这儿,就会惊呼:'这是地狱吗?'但很快他们就麻木不仁,对于自己也正在变得腐烂而无动于衷……"内战结束时,近1.3万名囚犯在安德森维尔去世,约占监狱关押人数的28%,是整个战争期间所有死亡的联邦囚犯人数的57%。尸体被埋在乱葬坑里。恐怖被揭露后,维尔茨被判犯有战争罪,被绞死在华盛顿特区老国会大厦监狱的院子里。他是两边唯一因为残暴对待战俘而付出代价的人。

利比监狱在其他比较重要的南方监狱中最为突出。它位于弗吉尼亚州里士满,原来是一个烟草仓库,由三座四层高的大楼组成,1861年布尔溪战役后投入运行。累计超过5万名被俘的联邦军官在此地被关押过,期间监狱人数从未低于1200人。《纽约时报》在1863年11月刊登了一篇有关利比监狱情况的报道:"目前腹泻、痢疾和伤寒型肺炎等疾病肆虐。近来,由于长期以来就存在的各种原因,如食物匮乏、衣物短缺、居所不足,加上长期监禁导致的精神压抑,死亡率大大增加。"

利比监狱也是内战期间最大的战俘逃亡地。1864年2月9日,100多名联邦军官越狱,其中59人逃出。

当然,像安德森维尔和利比这样的监狱在南方并不少见。一名俘虏称位于北卡罗来纳州索尔兹伯里的邦联战俘营为"黑洞"。同样在里士满地区,还有雷堡关押着政治犯、间谍和被控叛国罪的人，詹姆斯河的贝尔岛上则囚禁着联邦士兵。

人类的苦难对战争的双方都是平等的。遍布整个北方各州，来自邦联的囚犯一样遭受了巨大的苦痛。约翰逊岛的监狱人尽皆知。俄亥俄州哥伦布市郊区的切斯营最多时曾关押着近1万名战俘，有2260人死在这片6英亩的围场里。一位联邦检查员曾指出，露天的厕所和蓄水池导致了天花的爆发。在伊利诺伊州的洛克岛，1.2万名邦联战俘中有2000人死亡。马里兰州的眺望角接收了5万名俘虏，其中4000人死亡。1863年7月的葛底斯堡战役之后，关押在特拉华州纽卡伊尔县豌豆岛特拉华堡的战俘暴增到3万人，其中有2500人死亡。一名变得瘦弱的邦联囚犯体重从140磅骤降到80磅。另一名犯人写道："培根又臭又黏，汤里全是脏水……里面都是半英寸长的白虫子。"

纽约北部埃尔米拉的监狱特别值得一提，邦联人称它为"地狱米拉"。其25%的死亡率——1.2万名战俘中死亡约3000人——与安德森维尔监狱不相上下。

在北方，没有比1861年开设在伊利诺伊州芝加哥市的道格拉斯营更为恐怖的监狱了。它在战争期间关押超过2.6万名邦联战俘，死亡人数估计在4500人到6000人，死亡率为17%至23%。1862年的严冬里，大约200名囚犯被塞进一个不超过70英尺长、20英尺宽的营房里。囚犯们被迫在厚厚的积雪里站队，仅那个冬天就

▲ 弗吉尼亚州里士满的利比监狱在南北内战期间因关押联邦军官而闻名于世

▲ 安德森维尔监狱全景图，内战结束25年后被公布

造成多达1700人死亡。

德兰上校的名字在道格拉斯营的几名指挥官中最为臭名昭彰。有一次，他下令把三个人的大拇指吊在绞架上一个小时，只让他们的脚趾头勉强触到地面。监狱有时会得到毯子和日常用品补给，但作为对联邦囚犯在南方所受待遇的报复，这些物品经常被狱方扣留。

1861年到1865年，数以万计的战俘在集中营里受尽折磨，这其中既有故意的原因，也有长久冲突导致社会处在水深火热之中的原因。战俘蒙受的苦难为内战的悲剧又增添了一页令人痛心的篇章。

**德兰上校下令把三个人的大拇指吊在绞架上一个小时。**

# 向海洋挺进

1864年11月15日,一支从亚特兰大出发的联邦军队,开启了史上颇具争议的一次战役。

作者:戴维·史密斯

除了应对亚特兰大的持久战,尤利西斯·辛普森·格兰特还陷入了弗吉尼亚州彼得斯堡的堑壕战。

南北双方的军队在亚特兰大小心翼翼地互相试探，战况胶着。一直拖到了1864年的夏天，联邦军队在威廉·特库姆塞·谢尔曼的指挥下，逼迫约瑟夫·E. 约翰斯顿将军的邦联军队不断后退，但旷日持久的战争使得双方的挫败感与日俱增。

厌战是北方真正担忧的问题。发生在夏洛、安提塔姆、弗雷德里克斯堡、钱瑟洛斯维尔、葛底斯堡和奇卡莫加等一系列代价高昂的战争惨象至今仍历历在目，而且丝毫没有战争结束的迹象。迄今为止，已有50万人在战斗中丧生。

除了应对亚特兰大的持久战，尤利西斯·S. 格兰特还陷入了弗吉尼亚彼得斯堡的堑壕战。战争似乎要这样一直拖延下去，毫无结束的迹象。而各方对总统宝座的角逐，亚伯拉罕·林肯寻求连任，也给前线施加了压力。民主党候选人、前联邦军队总司令乔治·布林顿·麦克莱伦，则以一个所谓的"和平纲领"，计划与林肯竞争。人

## 谢尔曼的大挺进

**谢尔曼军队分成两翼，在佐治亚州的行动如入无人之境。**

即使有些人对正实施的焦土政策颇为忧虑，谢尔曼坚信他的计划必定成功。第一阶段的行动相对顺利。亚特兰大位于皮得蒙特高原，地势虽起伏不平，但地面坚实稳固。这也是一次颇有新意的战役，行进的纵队士气高昂，有些参与其中的人甚至说行军在某种程度上是一次愉悦的短途旅行。

到第二阶段行军，随着高原过渡到海岸平原，景色变得更加荒凉。沙地和后面的沼泽使前进变得困难，许多士兵感到行军变得令人厌倦。

▲ 破坏铁路（把铁轨扭成"谢尔曼的领带"）是这次挺进的主要行动目标之一

▲ 谢尔曼向大海挺进的目的是全面摧毁南方的基础设施和财产。联邦军队一路上捣毁铁路，焚烧商店，释放奴隶

们担心林肯竞选失利，南北双方将会通过谈判达成和解。

邦联军队也有他们自己要解决的麻烦。约翰斯顿似乎不情愿迎战甚至抵抗。他最终可能将不战而退，放弃亚特兰大。尽管在这个关键时刻他还是成功地持续战斗，但邦联的领导层无法忍受无休止的防御战。约翰斯顿担任的田纳西军团司令的职位被激进、冒险的约翰·贝尔·胡德取代。胡德立刻发动了一系列损失巨大但并不成功的攻势。遭受重创的邦联军队被迫撤出亚特兰大。这对林肯的连任竞选注射了一针强心剂。"亚特兰大现在属于我们，"谢尔曼在给总统的电报中说，"我们全面获胜。"

亚特兰大被攻陷，缓和了紧张的局势。谢尔曼开始考虑下一步行动。他接下来的行动为他赢得的是声誉还是耻辱，取决于读者自己的立场。

## 铁腕战争

谢尔曼的想法是让他的军队穿过佐治亚州。这是经过反复考虑和精心推演的行动，目的是威吓并且摧毁邦联的战争潜力。在发给格兰特的电报中，他提到计划"彻底摧毁其道路、房屋和人口"，这势必"削弱他们的军事资源"。

人们已经写了很多关于谢尔曼决定让平民直面战争残酷现实的事实，但他愿意考虑采用一些不是那么高压的方法去实现他的目标。他在给州长约瑟夫·布朗的信中提出，如果佐治亚州退出叛乱，他将和平进驻该州。如果不这样做，谢尔曼将"被迫进攻，彻底地摧毁这个州"。

谢尔曼在等待格兰特批准他的行军计划时，胡德派出了附近的4万名士兵进行阻击。9月21日，胡德天马行空般地向谢尔曼的补给线发起攻击，迫使联邦军队全面后撤以反击胡德的进攻。

**南军发动了被称为"格里斯沃尔德维尔"的战斗。事实上，这是一场一边倒的屠杀。**

谢尔曼的行军计划被迫搁置。他压抑怒火，满怀沮丧地说服格兰特，称联邦军追击胡德的行动是徒劳无益的。

11月2日，他获准放弃对胡德的追击，开始向海岸进军。在战争史上出现了一次不同寻常的景象。正如谢尔曼本人充分理解的那样："两支敌对的军队背道而驰，每一支都坚信自己正在取得一场大战的最后决定性的结果。"

## 在佐治亚州的暴行

深入敌后行进数百千米，没有通信联络，没有补给线，陷入其中将毫无被救援的机会，这些前景都让人望而生畏。有些人预测联邦军队将遭遇如末世般的情景，队伍的实力将被成群结队的南方游击队削弱。他们将被不断地侵扰，忍饥挨饿直至完全被消灭。对胆小鬼而言，这不会是一次成功的机会，这也不适合那些体弱或受伤的人。实际上，在行军开始之前，一次全面彻底的体检就淘汰了近800名体弱多病的人。

联邦军分成左右两个方向分头进击，第十四军和第二十军从左边出发，右边是第十五军和第十七军。谢尔曼知道邦联军队的抵抗力有限，他计划瞒天过海削弱南方的敌对势力。联邦军的每一侧都会威胁到行军方向上任何一个乡镇或城市。如果邦联军队在前方集结抵御，他们将转向不同的目的地。由于兵力有限，邦联方面不可能在联邦行进方向的每个潜在目标处设防。

联邦每侧的兵力都超过2.7万多人，还有一支多达5000人的骑兵师，指挥官是鲁莽的休·贾德森·基尔帕特里克，因其生性好斗而以"嗜杀骑兵"闻名。

由于胡德撤出了唯一一支能够保护佐治亚州的邦联主力军，防御任务就落在了任何可以拼凑起来的部队身上。"战斗乔"·惠勒带领的3500名骑兵部队可能是联邦军最大的潜在问题，前提是他们先要能避开联邦那支数量庞大的、护卫谢尔曼进军的骑兵。还有州民兵、一些州境卫戍团、少量炮兵和一些几乎未经训练的学员兵。他们分散在佐治亚州的各个地方，面对势不可当的敌人，除了撤退之外，别无他法。

## 大行军开始

11月中旬，谢尔曼的部队从亚特兰大轻装出发。随行一同朝东南方向行进的补给车队只携带了部队20天定量的口粮，而为负责拉动这些货车的数千只牲畜只准备了5天的草料，总计2500辆货车每车配6匹骡子，600辆救护车每车配2匹马。每千人携带一门炮，谢尔曼并未想到会发生什么重大的激战。

亚特兰大在联邦军队离开之前被彻底摧毁，11月14日晚上的大火更是雪上加霜。谢尔曼的部队随后在佐治亚州横扫而过，留下一地狼藉。铁路是首要被破坏的目标。枕木被粉碎后堆成一堆点燃，铁轨被放在火上加热变软，直至扭曲或弯曲到无法修复。与此同时，农作物、牲畜和其他物资被征用或销毁，奴隶被释放。

南方邦联徒劳无望地号召民众起来反抗，希望奇迹发生能拯救他们。11月22日，爆发了行军途中的第一次大的战斗。包括州民兵在内的大约3000名邦联士兵偶然遇到一支数量只有他们一半的联邦军队。也许是受到人数对比悬殊的鼓动,南军发动了被称为"格里斯沃尔德维尔"的战斗。事实上,这是一场一边倒的屠杀。未经过沙场考验的南军,大多数还是男孩或老人,根本没有向训练有素、坚如磐石的联邦军队发动正面进攻的能力。装备"斯宾塞"连发步枪的联邦士兵,给邦联方面造成了大约600多人的伤亡,联邦自身伤亡不到100人。邦联除了展示自己抵抗的态度外,一无所获。

## "无赖"

谢尔曼命令他的士兵"无限地搜光全部粮秣",但他不会冒险让他的6万大军全部四散觅食。每个旅都组织起自己的搜粮队,通常由30人到50人组成,一名军官负责带队。他们本不应该侵占私人财产,应该给平民留下足够的食物让他们度过冬天,但北军士兵把无法带回行军纵队的绝大部分东西都毁坏殆尽了。

谢尔曼的搜粮队在南方民众中声名狼藉,被称为"无赖"。谢尔曼将军后来声称在整个挺进过程中只听说过两起强奸案,但实际数字要高得多。私人财产也经常遭到洗劫,财物被盗或被毁。

不论谢尔曼是否对有关劫掠活动的报道故意充耳不闻,还是他认为这不过是南方发动战争应得的惩罚,他总会说一些倾向于赞同搜粮队的好话。搜粮队总是在早晨步行出发,晚上骑着被征用的牲口归来。

事实上,军队要携带的物资太多了,大量的补给被抛弃或者干脆销毁。谢尔曼事后估计,他的军队对佐治亚州造成了价值1亿美元的损失,

▲ 麦克阿利斯特要塞内部厚重的土墙是用来抵挡海军炮火的攻击,而不是用来抵抗步兵的攻击

> **胡德的部队是否强大到足以对抗谢尔曼的挺进，还存在争议。但他们本该能够进行更顽强的抵抗。**

而联邦军队仅仅使用了其中的20%。他承认，"其余的都被浪费和破坏了"。

## 纳什维尔之战

当谢尔曼的部队不断取得战果时，要求胡德带领田纳西军团返回的呼声越来越强烈。但是胡德另有谋划，他计划带着4万多的邦联军队在田纳西州迎战联邦士兵，攻占纳什维尔后再向北挺进。他希望这能迫使谢尔曼改变路线。

成功的机会十分渺茫，而胡德鲁莽的指挥风格对部队的行动也并无好处。11月30日，他对准备妥当的富兰克林防御工事发起了一次自杀式的正面攻击，造成包括12名将军在内的7000人伤亡。12月15—16日，在纳什维尔两天的激战中，他的军队被击溃，元气大伤。胡德的部队是否强大到足以对抗谢尔曼的挺进，还存在争议，但他们本该能够进行更顽强的抵抗。事实上，大部分横扫佐治亚州的联邦军队除了需要完成每天24千米的行军外，没什么其他需要担心的。

## 第二阶段

联邦军队只花了十天就走了前往萨凡纳一半的路程，一位联邦上尉说这是"有史以来计划的最大规模的愉快远足"。即使是搜粮队——邦联军队最明显的攻击对象，也几乎毫发无损，只有64人被杀。

尽管如此，联邦方面还是惊惶不安。由于失去同谢尔曼的联系，既不知道他是挺进顺利，还是陷入了游击队的包围中。在谢尔曼到达海岸并重新建立联系之前，没有任何确切的消息传来。

第二阶段的挺进行军以佯攻奥古斯塔开始。再一次，为吸引邦联守军注意，联邦军队故技重施。基尔帕特里克率领联邦骑兵冲向这个城镇，以强化这个骗局。在与邦联守卫骑兵的冲突中，基尔帕特里克的部队被迫撤退。这是整个挺进行军过程中邦联最有效的一次抵抗，但对大局而言于事无补。

随着基础设施被摧毁，该州领地出现了一条空白地带。值得注意的是，联邦军队还把目标对准了任何"方便改造"成为军事用途的建筑。

11月下旬，散漫的远足氛围开始淡去。土地变成了沼泽，松树林不断增加。谢尔曼后来写了一篇回忆夜晚营地篝火上松木散发清香的文章。但他的部下却不以为然："我从来没见过这么偏僻的地方，"一位来自伊利诺伊州的上尉强调道，"没有一只鸟，没有动物生命的迹象，只有树蛙刺耳的鸣叫……除了草和松树，也没有其他植物。"

基尔帕特里克的联邦骑兵与邦联的骑兵在韦恩斯伯勒战役中再次发生冲突，邦联的军队被击退。基尔帕特里克希望能救援出臭名昭著的米伦监狱内的联邦战俘。但囚犯们在他们到达前就被转移了。联邦方面发现了监狱令人惊骇的恶劣条件和一个埋葬了650具尸体的集体墓穴，导致军队行进的氛围开始变坏。

▲ 1865年谢尔曼率军进入南卡罗来纳州，造成了更大的破坏，包括放火烧毁麦克弗森维尔

## 萨凡纳的陷落

军事行动依然很少。12月1日，一位上尉注意到他已经九天没有听到敌人的枪声了。萨凡纳成了大家关注的焦点。大约1万人的守备部队预计会至少抵挡住联邦方面一段时间。在谢尔曼的部队到达萨凡纳之前，他们需要重新建立起同北方的联络，这就必须先攻占麦克阿利斯特要塞。

麦克阿利斯特要塞的设计初衷是为了防备来自联邦海军的海上进攻，并没有过多考虑抵御陆地方向的攻击。虽然只驻守有150名邦联士兵，但它仍然是一个需要被清除的障碍。12月13日，联邦9个团在15分钟内就攻占了要塞，谢尔曼随即和联邦"蒲公英"号汽轮船长取得联系，重新建起与北方的沟通渠道。

萨凡纳现在只能等着它不可避免的陷落。尽管做了一系列的防御准备工作，包括布置81门大炮，但抵抗到底的希望渺茫。谢尔曼的部队因为需要调动重炮前来才延缓发起进攻（他的军队只带了野战装备）。邦联方面利用这个时机于12月20日晚上悄悄撤离出城市。谢尔曼发出一封轻松愉快的电报，把萨凡纳作为圣诞礼物送给了总统。林肯欣然接受。

"向海洋挺进"的行动达到了目的，有1888人牺牲。他们的死亡或因受伤，或被俘或失踪，只有32人死于疾病。然而，谢尔曼想做的还不止这些，对他史诗般的进军发生的争议也才刚刚开始。

## 谢尔曼继续挺进

在佐治亚州取得的进展是如此顺利，联邦方面决定在南卡罗来纳州重复这一进军行动。由于南卡罗来纳州是分裂主义的起源地，联邦军队

▲ 尽管谢尔曼对跟随他的军队的自由奴隶并不热心，但在行军过程中，大约有2.5万人涌向他的队伍

对它的反感程度远远超过了对佐治亚州的程度。第二次挺进行军开始于1865年2月1日。林肯就此在国会发表演讲，向邦联方面发出了明确的信息。他特意强调："我们的力量正在增加，如果需要，我们能无限期地斗争下去。"

另一方面，南方人口、物资和战争储备都在流失。谢尔曼的部队给南卡罗来纳州造成的破坏尤为严重。哪怕异常严酷的冬天都没能拖慢他们行军的速度。他们遇河架桥，每天都在泥泞中艰难跋涉16千米。行军队伍继续向北卡罗来纳州挺进，但随着内战跌跌撞撞地接近尾声，其军队积累的大部分的怒火已经平息了许多。谢尔曼的第二次行军计划并没有实现预定的目标，在计划去往彼得斯堡与一直包围它的格兰特部队会合之前，格兰特就已获胜。

美国内战事实上已经结束，但是人们的怨恨将长久存在，因为谢尔曼部下对南方邦联各州的残酷对待，很大程度上加剧了这种不满情绪。有人担心会爆发一场旷日持久的游击战争，一小部分仍忠于邦联的人会展开抵抗式的破坏和伏击。邦联骑兵指挥官内森·贝德福德·福瑞斯特欣然接受了这一可怕的设想，他参加了胡德那场灾难性的田纳西战役。"不要被塞壬般虚妄的和平歌声所诱惑，"他恳求南方，"那些人如恶魔般杀害你的子女，肆意伤害你无助的家庭，恶意毁灭你的财产，现在还要奴役你们，再也不能与他们联合起来了。"

福瑞斯特的规劝是徒劳的，但南方民众对从北方"向海洋挺进"计划的愤怒持续了几十年。

## 裁决

历史对谢尔曼的评价褒贬不一。他的行军被一些人谴责为战争罪行。

谢尔曼对自己实际上是在进行一种"更为人道的战争"毫不怀疑。在他看来，摧毁掉某个地区给军队提供支持的能力，比与这支军队作战从而导致1.5万人伤亡要好很多。当他在南卡罗来纳州行军时，他清晰地表达这一观点。他对一位女士说道，他要毁掉她的种植园，这样他就不用在战场上杀死她的丈夫。

他的做法也符合当时的法律规定。遵照法学家弗朗茨·利伯1863年制定的《利伯法典》，"在所有其他考虑因素中，拯救国家是最重要的"，这允许因此采取破坏平民财产等行为。无论如何，谢尔曼认为这场战争本身就是非法的，必须尽快、尽可能无情地结束。

谢尔曼丝毫没有掩饰他要给南方民众带去苦痛，许多人因此永远也不会原谅他。1864年10月，在他游说格兰特允许他行军时，他对自己要达到的目的十分明确，他在给格兰特的电报中写道："我能完成行军，我要让整个佐治亚哀嚎！"

# 政局密云：1865

美国南北内战进入第四年，随着联邦军队不断取胜，南方邦联剩余的日子屈指可数。

1865年春，罗伯特·E. 李和北弗吉尼亚军团被赶出环绕着彼得斯堡铁路枢纽和北方几英里外的邦联首都里士满的防守阵地，开始向西撤离。紧接着就是美国南北内战一系列的高潮纷至沓来。联邦军队总司令尤利西斯·S. 格兰特将军指挥着三支军队紧追不舍。4月1日，李的部队在五岔口遭遇惨败。五天后，包括六名将军在内的四分之一的部下在赛勒斯溪投降。李计划前去林奇堡铁路的企图也被阻。丢盔弃甲的邦联军队逃到阿波马托克斯县府所在的村庄后，终于无路可走，在这里升起了投降的白旗。1865年4月9日，棕枝主日（复活节前一个主日的星期日），李和北弗吉尼亚军团投降。

同一时刻，邦联代表团正在华盛顿特区与林肯总统协商和平条款，但谈判破裂，战斗仍在继续。

南方战场，威廉·T. 谢尔曼将军率领着数量庞大的联邦军队向北进入卡罗来纳州，追击约瑟夫·E. 约翰斯顿将军剩余的三支邦联残军。4月18日，谢尔曼在北卡罗来纳州达勒姆附近接受

▲ 罗伯特·E. 李在弗吉尼亚州阿波马托克斯的麦克莱恩家向尤利西斯·S. 格兰特投降

约翰斯顿投降。战斗还在进行，特别是在西部战区，但未来几周后敌对状态就停止了，内战真正结束。

当内战逐渐落幕，林肯总统详述了他关于和解与恢复联邦的愿景。然而，4月14日暗杀者约翰·威尔克斯·布斯行刺总统得手，总统第二天早上死于枪伤。南方注定要经历一段艰难的重建时期。

▲ 前邦联总统杰斐逊·戴维斯被捕后被关进监狱，之后被释放

▲ 行程中一路悬挂着被谋杀的领袖——总统亚伯拉罕·林肯照片的葬礼专列的火车头

▲ 北方联邦军队还没抵达里士满，南方邦联军队和平民就已仓皇出逃，并将自己的首都付之一炬

# 邦联的末日

1865年春天，罗伯特·爱德华·李和约瑟夫·约翰斯顿领导的邦联军队终于倒在联邦军队势不可当的力量下。

**作者：迈克·哈斯丘**

弗吉尼亚州彼得斯堡市周边一片荒芜，就像整整一代人之后见到的第一次世界大战西线战场上满目疮痍的景象。九个月来，罗伯特·E.李将军和四面楚歌的邦联北弗吉尼亚军团一直守卫着一条从首都里士满向南延伸到彼得斯堡甚至更远地方的防线。邦联方面苦苦护卫着这条长达85千米的包含铁路、公路以及站点的维系南方邦联生存的供给生命线。

联邦军队最高指挥官是尤利西斯·S.格兰特将军，他在1864年初到年中多次攻克里士满的努力都受挫了。整个"陆上战役"，包括莽原战役、斯巴萨维利亚战役、北安那河战役和冷港战役，联邦军队都被李将军在血淋淋的几个星期的战斗中击退，其间穿插着激烈的拉锯战。格兰特把他的关注点转移到詹姆斯河以南的彼得斯堡，南方铁路在那里向西去往林奇堡，诺福克与彼得斯堡线从东南方向而来，威尔顿铁路从北卡罗来纳延伸过来。一旦联邦控制了彼得斯堡，邦联就不得不放弃里士满，优势将全面倒向北方。

然而，由于南军足智多谋和北军的联络不畅，占领彼得斯堡的努力再次受挫。到6月底，双方陷入僵局。运动战打成了包围战。李在彼得斯堡只有3.6万人，而里士满只有2万人。北军主力则超过了10万人。几个月来战斗时断时续，有时双方部队使用镐和铲子的机会比使用步枪和大炮还要多。格兰特迫使李将军向南和向西移动，不断扩大防线，从而切断通往城市的道路和铁路。

与此同时，联邦将军威廉·T.谢尔曼兑现了他对战南方的誓言，"让整个佐治亚哀嚎"，结束了他从亚特兰大横扫向大海的毁灭性进军。谢尔曼于12月占领了萨凡纳港，并发电报给亚伯拉罕·林肯总统说："我希望把萨凡纳城作为圣诞礼物送给你，这座城市有150门重炮，大量弹

▲ 在围困彼得斯堡期间,联邦军队使用了一门巨大的、绰号为"独裁者"的臼炮轰击邦联军的阵地

药,还有大约2.5万包棉花。"

1865年1月下旬,谢尔曼把他在田纳西州、俄亥俄州和佐治亚州的军队向北推进到卡罗来纳州。抵挡他进攻的是约瑟夫·E. 约翰斯顿将军指挥的衣衫褴褛的邦联田纳西军团。间或不足2万的邦联军队要随时面对9万联邦军队的进攻。2月3日,谢尔曼的先头部队在索尔克哈奇河的里弗斯桥击退了对方对自己右翼的进攻。两周后,联邦方面攻克南卡罗来纳州首府哥伦比亚,该城被打着"分裂之母"的标签,一场来历不明的大火席卷全城。

2月22日,北卡罗来那州的威尔明顿港落入联邦军队之手。约翰·M. 斯科菲尔德将军率领部下继续向内陆挺进,迎战他的是布拉克斯顿·布拉格将军指挥的邦联军队。3月16日,爆发在阿夫拉斯伯勒的激战将联邦的攻势阻挡了48小时。三天后,布拉格在本顿维尔与约翰斯顿会合,他们的总兵力达到2.1万人。约翰斯顿顺势反击迫使联邦军队后退。但得到迅速增援的联邦一方抵挡住了邦联的反击。约翰斯顿坚守超过一天,但在联邦军队向其侧翼发起进攻后,被迫向北卡罗来纳州的首府罗利撤退。

约翰斯顿于4月12日至13日返回格林斯博罗,面见邦联总统杰斐逊·戴维斯。他坦率地承认:"我们的人民厌倦了战争,觉得自己被鞭笞,不愿去反抗……我渺小的力量就像被阳光照射的雪一样在融化。"18日,约翰斯顿与谢尔曼在达勒姆车站附近的贝内特广场会面。代表着邦

▲ 在长达九个月的围困彼得斯堡战斗的间歇期间,联邦士兵在战壕里休息

## 访问里士满

亚伯拉罕·林肯总统在里士满落入联邦军队掌控的几个小时后就访问了这座邦联首都。

1865年4月，美国总统亚伯拉罕·林肯焦急地等待着联邦军队取得进展的消息。他这个月的大部分时间都在远离华盛顿特区的弗吉尼亚州锡蒂波因特的巨大供应基地度过。

4月3日，林肯和他12岁的儿子泰德离开锡蒂波因特，在彼得斯堡与格兰特将军会面。途中他们在马宏堡停了下来，这里几个小时前刚发生过激烈的战斗。

死者还没有被埋葬，尸体散落各处。下午，总统在与格兰特会谈后回到了锡蒂波因特。他给陆军部长埃德温·M. 斯坦顿发出电报："现在里士满肯定在我们手中，我计划明天去那里。我会照顾好自己。"4月4日的早晨，林肯和包括泰德在内的一小队随从登上詹姆斯河上的一艘轮船，向南逆流而上，前往正在燃烧的前邦联首都。

他登上河岸时，几乎没有武装警卫前来护卫。一大群吃惊的奴隶正聚集在一起。"我可怜的朋友们，你们自由了——像空气一样自由。"他对着他们说道。几个联邦骑兵出现并开始护送林肯。他步行了大约3千米到最近的军队司令部，他们正驻扎在前邦联的白宫里。

总统走进办公室，交叉着双腿坐在椅子上，神情恍惚地凝视着四周，说这一定是杰斐逊·戴维斯的，并要了一杯水。他参观了房子的其余部分，没表现出兴高采烈的样子。

▲ 1865年4月4日，亚伯拉罕·林肯总统大步穿过里士满市时，昔日的奴隶们欢呼雀跃

联的西部军队被彻底击败，但混乱仍在继续。谢尔曼提出的投降条件很慷慨，充满明显的弦外之音，他实际并没有开展政治谈判的权力。4月26日指挥官们再次会晤，澄清了投降的军事条件，内战终于结束了。

此时，在弗吉尼亚的收官戏已落幕。罗伯特·E. 李和北弗吉尼亚军团在格兰特挥军猛攻其右翼的时候已被扼死。饥饿和疾病折磨着邦联军人。2月中旬到3月中旬，共有2934名士兵当了逃兵，仅此就让李损失了8%的兵力。到3月初

**最后一个通过梅奥大桥的邦联骑兵，脱帽致敬，下令放火烧毁大桥。**

▲ 彼得斯堡围城结束后,一名在马宏堡阵亡的邦联士兵

时,仅有南方铁路还能维持运行。北弗吉尼亚军团第二军指挥官约翰·B.戈登将军向李问道:"将军,我们现在还能做什么?"他回答说,我们唯一能做的似乎就只有一件事——战斗。我们战斗失败会死,什么都不做同样会死。格兰特也清楚地知道这一点。李最终不得不离开他在彼得斯堡的战壕,为自己的生命而战。

根据李将军的命令,戈登选择距离邦联防线150码远的斯特德曼堡作为进攻的重点。1865年3月25日,邦联军队在黎明前黑暗中的突击进展顺利。然而,天色破晓后,邦联军队就面临着被切断的危险。李将军下令退兵。

格兰特意识到李将军能逃脱一死的最大希望就是与约翰斯顿的部队在北卡罗来纳州会合。他要采取措施阻止南军的行动。菲尔·谢里登将军突袭谢南多厄河谷后重新加入他麾下,并很快在最后的胜利中发挥出关键作用。格兰特下令继续向西行动,绕过李的侧翼,并派谢里登前往至关重要的五岔口,这是李前往北卡罗来纳州的最佳路线。很快,李就意识到他的右后方处于危险之中。他派遣乔治·皮克特将军的一个师去阻止北军的进攻,"不惜一切代价守住五岔口"。4月1日,五岔口之战以邦联的惨败告终。谢里登的骑兵与一支庞大的北军步兵会合后,朝皮克特阵地两侧展开猛烈的进攻。这场战斗很快就打完,联邦军队控制了这个极重要的十字路口,同时捕获了南方邦联5000名战俘和11面战旗。

联邦参谋陆军中校霍勒斯·波特后来写道,这场胜利意味着"停战的时刻要到了,再无回旋余地。通往和平与家园的方向已指明"。格兰特下令全面进攻。失去五岔口,李在彼得斯堡和里士满的防线已被瓦解。4月2日,星期天早上,这位老将军通知杰斐逊·戴维斯总统,军队放弃了抵抗,政府应该逃离里士满。

同一天早上,联邦第六军突破了邦联阿普·希尔将军的阵线,39岁的希尔被杀。李将军命令詹姆斯·朗斯特里特将军在格雷格堡和巴特利惠特沃思拼凑一条新防线,以保护横跨阿波马托克斯河的桥梁。他不得不整夜守住彼得斯堡,让北弗吉尼亚军队的残部得以逃脱。戈登袭击了守在马宏堡的联邦军队。但当朗斯特里特的士兵拼死奋战时,他收到希尔防线已经崩溃的消息。李将军有如神助般地将他的军队向西转移到了阿米莉亚县府。4月2日深夜,戴维斯总统和南方邦联政府乘坐火车离开里士满。混乱笼罩着这座城市,大火燃烧起来。最后一个通过梅奥大桥的邦联骑兵脱帽向城市致敬,下令烧毁大桥,喊道:"一切都结束了,再见!让它见鬼去吧!"第二天发生了小规模战斗,李将军只比他的追兵领先几个小时到达阿米莉亚县府,并打算待在那里,直到他忍饥挨饿的士兵找到食物。但是补给车几乎空载而归。邦联军队避开了杰特斯维尔的联邦军队,在向度假胜地阿米莉亚温泉进军时,李将军又得到消息,说法姆维尔有补给等着他们。在他朝令夕改的命令下,邦联残军在黑暗和倾盆大雨中挣扎前行。

朗斯特里特派出的后卫军曾一度占据阿波马托克斯河上的高架桥。但4月6日南军在赛勒

▲ 南卡罗来纳州哥伦比亚市，在威廉·T. 谢尔曼将军指挥的卡罗来纳战役中被烧成一片残骸

斯溪彻底崩溃。李难以置信地看着包括九名将军在内，占他四分之一兵力共9000名士兵被联邦军队俘虏。他喘着气说，"上帝啊，军队解散了吗？"

直到这时，邦联方面仍未能拆除高桥和附近一座公路桥，通往法姆维尔的道路暂时还能通行。联邦军队得以继续追击。谢里登的骑兵冲在前面，试图挡住成纵队逃亡的邦联人。李将军的士兵到达法姆维尔后纷纷去棚车领取给养，结果许多人还没拿到什么东西就遭到了联邦骑兵的攻击。李又改变计划，转向林奇堡进发，在那里他有机会转向南方进入北卡罗来纳州。这条路途经阿波马托克斯县府所在的村庄。

联邦军队4月7日早晨通过了高桥，在坎伯兰教堂周围打响的战斗到傍晚才结束。当晚，李将军的军队继续向42千米外的阿波马托克斯县府奔逃。4月8日，格兰特就李将军投降的可能性开始联络对方。整整一天，北弗吉尼亚军团继续向阿波马托克斯县府行进，但乔治·A. 卡斯特将军率领的联邦骑兵截获了装满给养的火车，切断了里士满通往林奇堡的斯登得路，关上了李将军面前的最后一扇门。驻扎在北边洛奇润的李召开了战时会议。如果联邦骑兵单独追上来，他们还有可能在白天发动攻击将联邦军队赶走。而联邦步兵一旦出现则意味着他们走到了尽头。

1865年4月9日早晨，约翰·B. 戈登将军带着第二军团继续前进。下午发生的阿波马托克斯县府战斗，直接导致北弗吉尼亚军团投降。这次投降标志着美利坚联盟国的实际结束，也标志着长达四年的美国内战结束。

# 阿波马托克斯的终结之战

三支联邦军队坚持不懈地追击着邦联北弗吉尼亚军团,这支军团在阿波马托克斯打完了自己的终结之战。

作者:迈克·哈斯库

▲ 1865年4月9日,罗伯特·E.李(右)将军和尤利西斯·S.格兰特将军在麦克莱恩家讨论投降条件

告诉李将军,我的部下已被打散,除非朗斯特里特能向我靠拢,或者替我挡住后方,否则我寸步难行"。讲出这句话的是约翰·B.戈登将军,此时他带着缺兵少将的邦联北弗吉尼亚军团第二军正被联邦军队团团围住。他的语气绝望,意思明确。

这是他给自己总司令发出的消息。第二军被联邦军队挡在了通往林奇堡并获得补给的铁路线外,暗示出他四面楚歌的困境。发动了四年来满是死亡痛苦味战争的叛军,他们的丧钟已被敲响。

一周前,罗伯特·E.李将军无奈地弃守重要的铁路枢纽彼得斯堡。南方邦联的首都里士满,将直接面对北方联邦军队势不可当的攻击。尤利西斯·S.格兰特将军指挥着所有的联邦军队向邦联发起全面进攻。追赶着李将军闯过弗吉尼亚中部,并与他齐头并进。格兰特将军仔细判断他对手的一举一动,派出菲尔·谢里登将军率领骑兵到前面去截住邦联军队最后的去路。

1865年4月8日下午,乔治·阿姆斯特朗·卡斯特将军率领骑兵师冲进距离县府约3千米处的南方铁路阿波马托克斯车站,缴获了四列要运给李将军装载着食物和其他物资的火车车厢。南军向阿波马托克斯进军的目标已破灭。李将军曾希望能在此给他饥肠辘辘的军队补充给养,然后再转向南方与约瑟夫·约翰斯顿将军率领的南军在北卡罗来纳会合。但这已是不可企及的目标。

**李将军仅有的一线生机,就是突围去往林奇堡。然而,联邦步兵的赶到意味着他们走到了尽头。**

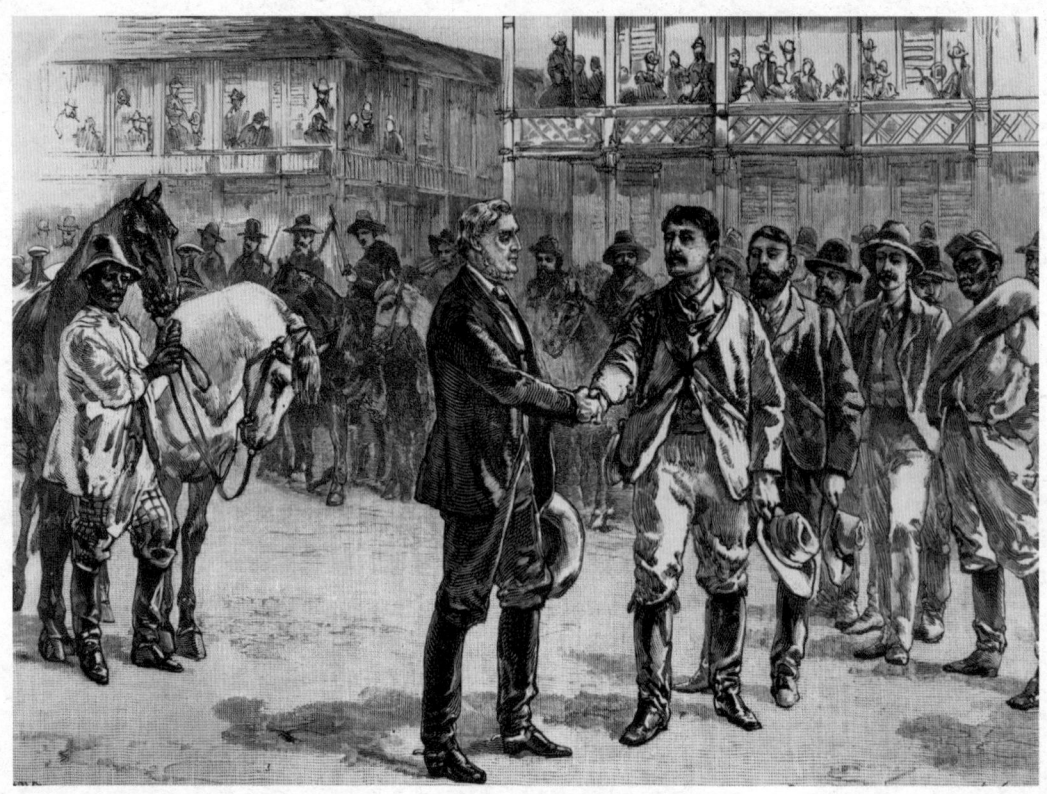
▲ 邦联总统杰斐逊·戴维斯在佐治亚州被俘，同他的护卫告别

当天晚上，李将军把下属的军官召集到一起商讨对策。他们没有帐篷，没有椅子，事实上所有东西都被联邦骑兵抢夺殆尽。而三支联邦军队还在后面紧追不舍，包括波托马克军团和另两支较小的军队，分别是詹姆斯和谢南多厄的部队，他们都是李的宿敌。对邦联人而言，现在仅有一线生机。如果只有联邦骑兵挡在通往林奇堡的前方，戈登的部队和老将军侄子菲茨休·李将军带领的骑兵部队还有可能给大家冲出一条生路。但如果联邦步兵一旦赶到，则意味着他们的逃亡之路走到了尽头。

当邦联的将军们对令人沮丧的局势一筹莫展之时，李将军和格兰特将军实际已通过信使围绕投降条款交换过几次意见了。李将军还想继续拖延时间。4月9日早晨，忍受着剧烈头痛的格兰特将军，匆匆回复了李将军的最新信息。他紧接着骑着那匹叫辛辛那提的马，朝谢里登所部直奔而去。

受格兰特信赖的骑兵司令谢里登，日出以前已命令查尔斯·H. 史密斯将军徒步旅占据了阿波马托克斯西侧约一英里外的一处低矮山脊。有了这个制高点，里士满通往林奇堡的斯登得路和通往北方的本特克里克路就在来自纽约州、俄亥俄州和缅因州富有战斗经验的骑兵掌控之下了。士兵们只挖了很浅的战壕就在等着邦联军撞上来。詹姆斯·洛德中尉把两门大炮架到山脊上，很快大炮就朝着远处的邦联军位置发出了怒吼。透过浓厚的大雾，还能看到四个齐整的联邦骑兵师抵达战场，谢里登已稳操胜券。

戈登将分别来自克莱门特·埃文斯、詹姆斯·沃克和布赖恩·格兰姆斯将军三个师的残余兵力拼凑出一条步兵防线。威廉·H. 华莱士将人员不足的师作为直属预备队布置在稍靠后的位置。菲茨休·李的骑兵部队由久经沙场的托马斯·芒福德、托马斯·罗瑟和老将军的次子"鲁尼"威廉·亨利·菲茨休·李率领调向右翼。炮兵则在托马斯·卡特上校指挥下布置好阵地。

当第一缕晨光划破东方的天空时，戈登和菲茨休·李看到身穿蓝色军服的对手已沿山脊排开。但因距离太远分辨不出是骑兵还是步兵。如果是骑兵，将由李将军带兵前去攻击。如果是步兵，任务就落在戈登身上。当他俩还在激烈争论时，格兰姆斯骑着马上前自告奋勇道："我来负责。"

"很棒，把他们赶走！"戈登赞赏道。格兰姆斯又提到仅仅他一个师的力量还不够时，戈登回道："军团的另外两个师也归你了！"

凌晨5点，邦联军开始集结准备进攻。三小时后，叛军又吼着熟悉的"耶普！耶普！"的声音开拔。北卡罗来纳州的骑兵攻陷联邦军洛德的两门大炮时，步兵像铰链门开合一样向左转向，侧面对着联邦史密斯的前沿阵地。叛军穿过里士满到林奇堡斯登得路，向南和向西迂回，涌动着向联邦乔治·克鲁克将军防守更为严密的第二道防线冲去。激烈的战斗爆发了，一些人甚至开始肉搏。双方骑兵则手持军刀和手枪发动对冲。芒福德和罗瑟策动着骑兵向西冲出更大的逃跑通道。

谢里登听到枪声后策马向前指挥。他知道己方的步兵已到附近，包括爱德华·奥克·奥尔德将军指挥的詹姆斯军团第二十四军、查尔斯·格里芬将军指挥的波托马克军团第五军，以及第二十五军的两个联邦有色人种旅。他下达一连串命令，让骑兵们让开通道。当联邦骑兵撤出战斗后，邦联军终于冲出一个珍贵的逃生缺口，一些人开始欢欣雀跃。然而欢欣鼓舞的时刻很短暂。当他们到达另一个较低山脊时，前方联邦步兵已严阵以待、壁垒森严。

戈登很快意识到，如果格里芬向北朝县府逼近，那么他的侧翼和后方都将暴露在对方炮火下。稍后，负责给李将军收集消息的助手查尔斯·维纳布尔上校就收到了戈登令人不安的报告。邦联骑兵无法抵抗对方集结好的步兵，已开始脱离战场。詹姆斯·朗斯特里特将军指挥的其余兵力也无法给予戈登援助，他们也面临着来自联邦第二军和第六军的新威胁。这两军分别由安德鲁·汉弗莱斯将军和霍拉肖·赖特将军率领，已出现在新希望教堂的东北方向。

维纳布尔给李将军通报了戈登令人丧气的消息。这位老战士意识到战斗没必要再打下去，他说："除了去见格兰特将军，我不能做别的事了，我宁愿死一千次。"

困难重重的战场通信和模糊含混的责任人位置，导致停火命令被推迟到4月9日下午1点以后才下达。格兰特和李双方决定命运的会晤也被推迟了。会面预定在商人威尔默·麦克莱恩在阿波马托克斯县府家的客厅里举行。当天李因为准备要与他的对手见面，于是穿上了自己最好的军装。那天是棕枝主日，早上朗斯特里特将军看见李将军收拾一新，一副标志性的、引人注目的军人装扮。多年后，朗斯特里特回忆道："他穿着一套新制服，佩剑挂在华丽的刺绣腰带上，一双

**欢欣鼓舞的时刻很短暂，当邦联军爬上低矮的山脊时，前方联邦步兵已严阵以待。**

马靴上装着金马刺。刚看第一眼时,他坚实的身影像是一个正值40岁精力充沛的男子。但当我走近时,那笔挺的衣着和英武的举止却掩盖不住他内心深处的沮丧。"

另一个军官问李将军为什么穿得这么正式,将军回答:"我可能是格兰特将军的囚犯,我想我必须展示出自己最好的一面。"

一天过去了,李将军一直等在一棵苹果树下,还睡了大约一个小时。当两名联邦军官奥维尔·巴布科克上校和威廉·邓恩上尉到来时,他被唤醒。他们带来格兰特同意让李选择会见地点的消息。李的秘书兼助手查尔斯·马歇尔上校骑着马进城,寻找举行会谈的合适地点。他遇到了麦克莱恩,麦克莱恩首先把军官带到一间没有家具的破房子里,马歇尔不以为然。麦克莱恩随后提供了自己的家。马歇尔派他的助手、二等兵约书亚·约翰斯带李将军到此。巴布科克派邓恩去找格兰特将军。几分钟后,李、巴布科克和马歇尔坐在麦克莱恩的客厅里,一边礼节性地交谈,一边等待格兰特的到来。

半小时后,格兰特从前门走入。李站起身来,两人握了手,包括谢里登和奥德等一群联邦军官都等在门外。格兰特显然意识到自己衣冠不整。李穿着华丽的礼服,光彩照人,而格兰特穿着一件因长途行军而布满尘土的制服。

"那天早上我离开营地的时候根本没想到,

## 前院与客厅

威尔默·麦克莱恩亲历内战的爆发以及四年后的结束。

1865年4月9日早晨,51岁的威尔默·麦克莱恩是弗吉尼亚州民兵组织的一名老兵。讽刺的是,他也是一名依靠战争发达了的战争难民。麦克莱恩靠投机糖生意和向邦联供应贵重商品赚钱。他出生于弗吉尼亚州的亚历山大市,1853年婚后定居在弗吉尼亚州马纳萨斯镇,距离华盛顿特区只有几英里。

内战爆发后,麦克莱恩的家成为1861年7月21日布尔溪战役的中心。邦联将领皮埃尔·古斯塔夫·图唐·博雷加德征用了他的房子作为司令部。麦克莱恩对其所见的战争深感不安。1863年春,他举家南迁190千米,住到了阿波马托克斯县府附近一座漂亮的两层小楼里,里士满到林奇堡的斯登690路从这安静地穿过。他希望战争不会再扰乱他们的生活。

然而,战争与麦克莱恩如影随形。他又允许在他家安排北弗吉尼亚军团投降的历史性事件。自此,他可以理直气壮地说,内战是从他家前院开始的,在他家客厅结束。

战后,麦克莱恩一家并没过上富裕的生活。他们在1867年秋天回到了马纳萨斯,后来又回到了亚历山大。麦克莱恩试图出售艺术家关于投降场景的作品,并为国税局工作而谋生。然而,他因拖欠银行贷

▲ 1865年4月,商人威尔默·麦克莱恩成为这出在阿波马托克斯落幕大戏的主持人

款,于1869年失去了阿波马托克斯的房子。1882年6月5日,他在亚历山大去世,享年68岁。

▲ 联邦将军菲尔·谢里登率领骑兵部队不懈地追击邦联军队,将他们的逃亡之路堵死在阿波马托克斯县府

今天就会尘埃落定,结果还穿着一身粗糙的衣服,"格兰特在他的回忆录中写道,"我没有佩剑,像我通常在战场上骑马一样。外面穿的是一件士兵的短上衣,仅有肩章上的军衔才表明我是谁。"

谈话开始进行得很愉快。格兰特谈道,两人在20年前的墨西哥战争期间曾短暂见过。格兰特还记得李,但有人猜测李是否能回忆起那次会面。马歇尔说李立刻认出了格兰特,而一位联邦参谋、陆军中校霍勒斯·波特写道,他听到李小声说他不记得格兰特长什么样了。

半小时后,李把话题转回到投降这件当务之急的事。"格兰特将军,我想我们完全清楚这次会面的目的。我是根据今天早上给你的信来与你会面,商谈我军投降事项。我认为最好的处理方式是把你的条件写下来。"

格兰特回答说:"是的,我相信会的。"

联邦军总司令示意其他军官进来,他们安静地依次进入房间。波特在回忆录中写道:"就像人们走进病房,去看望病危的病人一样。"格兰特在他的命令簿上写下了投降的框架条款,然后递给波特,波特又把它递给李。这位58岁的邦联将军擦了擦眼镜,挪开了一对烛台和几本书。他注意到"交换"这个词在文本中被省略了。他寻找铅笔修改。后来向波特借了一支,把这个词填到恰当的空隙里。

离开时李将军在手中捻转了一下铅笔,并在小小的大理石桌面上轻叩,然后把铅笔还给了波

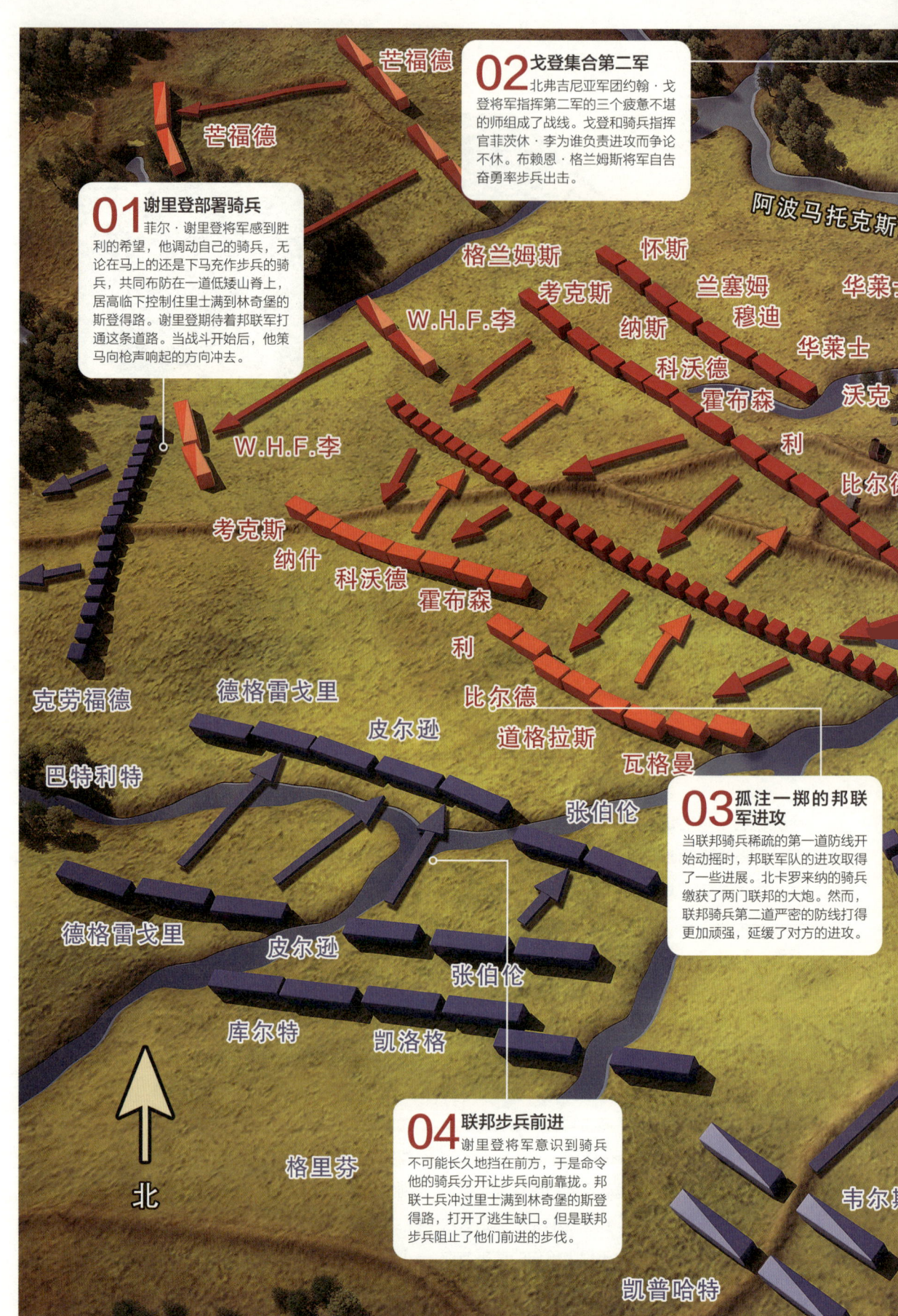

特。这支铅笔成为这位联邦军官余生一件珍贵的私人藏品。

李特别注意到格兰特的宽宏大量。格兰特规定只有公共财产需要上交,军官可以保留自己的随身武器和行李。他做出回应:"那将会产生非常好的效果。"稍后,李又商讨着提出让邦联的士兵保留自己的马,当他们重返平民生活后,还可以用来耕地。格兰特起初回答这不可能,后来李专门指出这些马是他们的私人财产,而不是政府资产。格兰特终于答应这一条件,他的同情心与对和解的渴望这一刻已经流露出来。

当会面接近尾声时,两名司令官尽职地签署了各自的文件。李指出,邦联方面还关押着大约1000名战俘,他们几乎断粮。格兰特先问谢里登是否能搜集到一些口粮,然后给李保证,将提供2.5万人份的口粮补给。这些食物不仅将被提供给即将被释放的战俘,还包括在饥饿线挣扎的邦联士兵。

正式事宜结束后,格兰特把李介绍给聚集在一起的联邦军官。李与附近的人握手,并朝远处的人鞠躬致意。下午3点左右,李走到门廊,在等着给"旅行者"套上缰绳时,他俯瞰山谷中自己战败的军队,用右手握拳砰砰地猛击向左手。当李骑上马后,格兰特也走到门廊,举起帽子向他致意。李将军在马背上也做出了同样的回应,聚集在一起的军官们也纷纷效仿。

## 投降仪式后的狂乱场面

邦联正式投降后,有关阿波马托克斯县府投降仪式的相关纪念品就供不应求。

邦联李将军和北弗吉尼亚军团在阿波马托克斯县府向格兰特将军率领的联邦军队投降的消息刚刚传开,专门搜集纪念品的人便蜂拥而至。他们把李在1865年4月9日等候时靠着打盹的那棵苹果树劈成了碎片,还一并把附近的几棵树也瓜分了。

当在麦克莱恩家的会面结束时,房主眼睁睁地看着他的财产被联邦军官拿走。奥德将军坚持要给威尔默·麦克莱恩40美元,用来买李将军用过的桌子。而菲尔·谢里登将军则出价20美元购买格兰特旁边的桌子,麦克莱恩拒绝了谢里登的要求。但据说这位将军还是拿走了桌子,并把一枚20美元的金币扔到了房子的地板上。谢里登后来把这张桌子送给了乔治·阿姆斯特朗·卡斯特将军,被他用作送给妻子的礼物。谢里登的哥哥买下了一个石制的墨水瓶,还有一名军官花10美元买下了一对烛台,那是他为阅读格兰特的投降条款时挪动的。将军们坐过的椅子则经过前后几任主人的转手,最终陈列到了华盛顿特区的美国国家历史博物馆。

现场其实还有一个无声的投降仪式见证人,那

▲ 格兰特将军(左)和李将军在阿波马托克斯使用过的椅子,现在陈列在华盛顿特区的美国国家历史博物馆

是一个属于麦克莱恩女儿的洋娃娃玩具,后来这个玩具声名鹊起。但当时这个玩具被几名邦联军官在屋子里扔来扔去,最后一名年轻的上尉带走了它。它被这名军官保存在家里很多年,最后被送回到阿波马托克斯县府。

▲ 1865年5月，联邦军队在华盛顿特区举行大阅兵

就这样，内战结束了。北弗吉尼亚军团将不复存在，成为历史。后续涉及假释、交换和分配口粮的细节谈判都留给了下级接着处理。

格兰特在他的回忆录中，反思自己在那一刻的情绪："当我看到一个这样的敌人倒台的时候，我一点也不高兴。他战斗了那么久，那么英勇，为了一项事业遭受了那么多的痛苦，尽管我相信这项事业是一个民族为之战斗的最糟糕的事业之一。这是一个没有任何借口的问题。"

随着投降的消息迅速传开，联邦炮兵开始鸣炮庆贺。格兰特很生气，立即下令停止："战争结束了，造反者又成为我们的同胞。胜利后最好的庆祝方式就是放弃所有耀武扬威的活动。"他匆忙地将胜利的电报发给华盛顿特区的陆军部长埃德温·M. 斯坦顿。这是一个低调的杰作："李将军今天下午按我提出的条件交出了北弗吉尼亚军团的指挥权。随附的往来书信将充分说明这些条件。"

当在阿波马托克斯上演这场戏剧性的谈判之时，邦联总统杰斐逊·戴维斯已经乘火车逃离了丹维尔。4月2日深夜他才从里士满撤离。联邦军队逼近这座城市时，整座城市都在燃烧。4月26日，他到达北卡罗来纳州的夏洛特。同一天，约翰斯顿将军向威廉·T. 谢尔曼将军投降。谢尔曼正在从他著名的"向海洋挺进"行动的终点——佐治亚州萨凡纳出发向北的机动作战途中。戴维斯于5月10日在佐治亚州欧文维尔附近被捕。他被囚禁在弗吉尼亚州的门罗堡，并被指控犯有叛国罪。但他从未受审。他以10万美元保释出狱，在田纳西州、密西西比州和路易斯安那州度过余生。

内战结束了，但小规模的冲突还持续了数周。被历史学家普遍认可的最后一次冲突，发生在1865年5月12日至13日，得克萨斯州布朗斯维尔附近的棕榈牧场。未来将是"重建"与和解的岁月。正如殉难的林肯总统几周前在他的第二次就职演说中所说，现在是"包扎这个国家的伤口"的时候了。

# 亚伯拉罕·林肯遇刺

美国内战本已该结束，但在一个本该平静的夜晚，
美国却陷入了混乱。

作者：杰克·格里菲思

1865年4月14日，亚伯拉罕·林肯总统被暗杀。他是在邦联军总司令罗伯特·E.李率全军向联邦缴械投降，美国南北战争正式结束之后的第五天，被凶手射杀的。消息在这个饱受战争蹂躏、四分五裂的国家掀起了惊涛骇浪。

当内战接近尾声时，联邦的将军和政客们都对胜利充满信心。战争结束前一个月，林肯总统在华盛顿特区国会大厦外发表演讲。这是他在第二个总统任期开启之时，表达了对冲突造成损失的悲伤和对建立一个新合众国的希冀。林肯的话道出了许多人的心声，但却激怒了听众中的一个人——约翰·威尔克斯·布斯。这场演讲是压垮这位26岁的邦联政权支持者及白人至上主义者的最后一根稻草，他决定将谋杀总统的计划付诸行动。

布斯出身演员世家，是当时的著名演员，闻名全国。如果不是向母亲承诺过不会去为南方而战，他很可能加入邦联军队。内战期间，他和一群同谋者企图绑架总统以交换邦联的战俘。计划失败后，他改变了主意，坚信通过谋杀总统这一极端手段，他将重振邦联的士气，有助于延续南方人的生活方式。

4月14日，耶稣受难日，林肯总统和妻子玛丽在联邦少校亨利·拉思伯恩和他的未婚妻克拉拉陪同下，前往首都华盛顿的福特剧院观看喜剧。保镖约翰·帕克溜去了酒吧，他们也都失去了警惕。值得注意的是，就在附近的这家酒吧里，布斯几分钟前刚刚喝了几杯酒壮胆。刚过晚上10点，布斯的身影出现在总统包厢后面。他堵住身后的门，计划在观众爆发出笑声的时候动手

刺杀总统，以免惊动目标。布斯默不作声地拔出他的"德林格"单发手枪，若无其事、毫不犹豫地朝总统的后脑开了一枪。

当玛丽看到自己丈夫瘫倒在椅子上时，惊恐地直往后退缩。拉思伯恩站起来去抓捕布斯，却被布斯用藏在身上的刀砍中肩膀。在观众惊慌失措中，凶手跳到舞台上，从侧门逃离了现场。

受伤的总统恰好得到在剧场现场医生的照料。尽管他们尽了最大的努力，但对林肯头骨里的子弹也无能为力。第二天早上7点15分，总统在剧院隔壁的一间公寓里逝去。而凶手这时已骑马逃到了马里兰，会合了同谋犯戴维·赫罗德。

联邦军队在马里兰州和弗吉尼亚州展开追捕布斯的行动。经过12天的搜寻，终于在弗吉尼亚州罗亚尔港附近的一个谷仓里发现了布斯和赫罗德的行踪。赫罗德决定投降，但布斯不肯束手就擒，他选择要么被击毙，要么开枪自杀，决心顽抗到底。

总统办公室通过给新闻界的一份电报向美国公众通报了谋杀案。即便是在联邦，林肯也绝不是一个广受爱戴的人物。但当载着他遗体的列车前往伊利诺伊州斯普林菲尔德的墓地时，经过的各个城镇的许多民众都向逝去的总统表达了敬意。

▲ 据信布斯从总统包厢里跳下来时，高喊了一句拉丁语"Sic semper tyrannis"，意思是"打倒暴君"

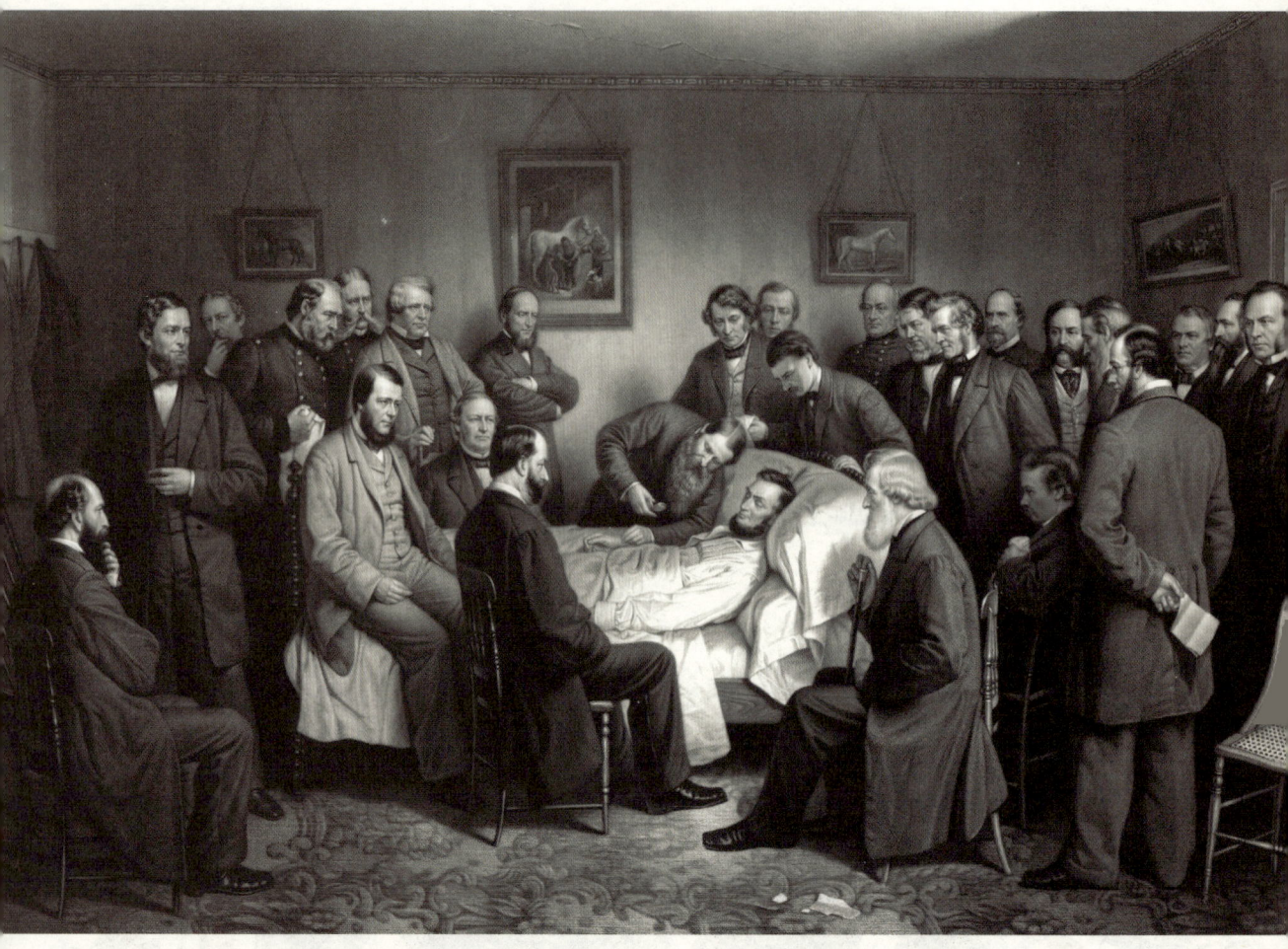

▲ 被约翰·威尔克斯·布斯袭击后,林肯躺在临终前的病床上

**战争结束前一个月,林肯总统在华盛顿发表演讲。他的话道出了许多人的心声,但却激怒了听众中的约翰·威尔克斯·布斯。**

林肯去世后,副总统安德鲁·约翰逊接任总统。他采取的第一个行动就是审判所有参与谋杀前任总统的罪犯。共有八名同谋者受到审判,均被判处共谋谋杀罪。四人被处以绞刑,三人被判无期徒刑,一人被判六年徒刑。安德鲁·约翰逊接着主导了内战后重建美国的前期阶段,带领民众摆脱发生在本土上最血腥战争的记忆。

## 威尔克斯·布斯的同伙

布斯并不是单枪匹马行事，其他高级官员和政治人物也成为更广泛的谋杀目标。

对亚伯拉罕·林肯的暗杀只是一场更大行动的一部分，刺杀目标还包括了副总统和国务卿。布斯的同伙有乔治·阿泽洛特、刘易斯·鲍威尔、埃德蒙·斯潘格勒和戴维·赫罗德。他们经常在玛丽·萨拉特的公寓里见面，萨拉特的儿子也和布斯熟稔。

阿泽洛特的任务是杀死安德鲁·约翰逊，而鲍威尔和赫罗德将谋杀目标定为国务卿威廉·西华德，原计划将在同一天的同一时间完成刺杀，对联邦造成三重打击。斯潘格勒负责给布斯的暗杀行动提供协助。他是福特剧院的后台工作人员，可以帮助布斯进入所有区域，并尽快逃离。

当布斯因在华盛顿市中心犯下谋杀罪，而在史册上留下自己名字时，鲍威尔闯入西华德的住所，绕过保镖，冲入卧室数次刺伤目标，然后和赫罗德骑马逃之夭夭。

与此同时，阿泽洛特在当地一家酒吧里喝了几杯酒，试图鼓起勇气。然而，尽管用酒精壮了胆儿，他还是退缩了。

最后，在西华德奇迹般地康复之后，布斯成了唯一刺杀得手的人。赫罗德则与布斯一起逃亡，直至布斯被打死。其间他还联系医生治疗布斯跳下舞台时摔断的腿。在被联邦军队追捕到行踪前的12天里，他们一直躲在一起。

▲ 玛丽·萨拉特是四名被处以绞刑的合谋者之一，她也是被美国政府处决的首位女性

# 重建和跨越

186　胜利之后的败局
192　重建中的家园
201　联邦的现状
206　如果蓄奴州赢了……

207

203

205

208

198

# 胜利之后的败局

打赢内战是一回事，获得和平则是另一回事。
为南方的非洲裔美国人争取平等，是过犹不及之事。

作者：爱德华多·艾伯特

联邦打赢了内战，但意味着国家就能获得和平吗？自罗伯特·E. 李将军1865年4月9日投降之后，这就是横亘在南北内战胜利一方面前的重大问题。不管缔造联邦伟大胜利的亚伯拉罕·林肯总统还有什么期盼和规划，当他于五天后的4月14日被约翰·威尔克斯·布斯刺杀后，这些愿景都同他一起荡然无存了。林肯总统的副手、南方民主党人安德鲁·约翰逊接任成为总统。

林肯总统希望宽大处理加入邦联的南方各州，以此方式重建联邦。但是约翰逊总统，作为一个坚定的宪政主义者和同样坚定的种族主义者，他想让南方各州保有自主管理的自由。于是，前邦联的南方各州颁布了一系列法律，旨在将刚获自由的黑奴再送归种植园，而不让他们自由离开。

虽然历史学家经常将安德鲁·约翰逊列为美国最糟糕总统名单的首位，但他经历的成长过程与林肯一样。两人都在极度贫困的环境中长大。约翰逊的父母目不识丁，他自己从未上过学，完全是自学成才。从政前他曾做过裁缝，他的一生令人钦佩，但在担任总统期间鲜有值得称道的地方。

**曾经是自己奴隶的黑人似乎突然成了自己的政治主人，这对于许多南方白人来说，是一个巨大的打击，他们对此并不乐见其成。**

▲ 1867年，自由民在新奥尔良参加选举投票
▼ 许多教师来自北方，在南方教育和培训那些刚获得自由的奴隶

战后不久，约翰逊就利用总统权力大赦了邦联的全体白人公民。但邦联的领导人和大种植园主除外，他们必须亲自请求赦免。约翰逊还提议归还被剥夺了产业的南方人的所有土地和财产，但不包括他们的人身财产——奴隶。

各个州还必须批准禁止奴隶制的宪法第十三修正案。南方的公民必须宣誓效忠联邦，各州不得脱离联邦，并免除内战期间积欠的债务。这些都是很宽宏大量的条件，林肯应该会支持这些条款。而且事实上，曾有一位联邦将军问过林肯如何对待战败的

▲ 林肯遇刺后，副总统安德鲁·约翰逊接任成为总统。他经常被列为美国历史上最糟糕的总统之一

敌人，林肯答道："让他们过得轻松些。"

但是，林肯不会像约翰逊那样，对南方的一些所作所为予以默许，南方各州很明显正在试图利用赋予它们的自由确保被释放的奴隶还处在接近被奴役的状态。确实，约翰逊信奉"只有白人才能治理南方"。南方新的立法机构开始通过恢复奴隶制的法律。当然奴役不会体现在名称上，如：自由民只能从事田间的工作，没有工作的黑人可以卖给种植园主当劳工，黑人的孩子可以从家人身边被带离等。

1865年12月，被共和党主导的国会重新召开。总统宣布已结束重建工作，这让为解放奴隶而奋斗的共和党人感到极为震惊。更严重的是，许多前邦联官员当选了国会议员，甚至还有前邦联副总统亚历山大·斯蒂芬斯。不过，当这些前邦联人出席国会会议时，众议院的书记官拒绝把他们列在当选的议员中。

共和党主导的国会不顾民主党总统的阻挠，通过了《民权法案》。赋予所有人公民权，"不分种族、肤色、先前的奴隶身份或非自愿的奴役"。然而，法案被提交后，约翰逊总统就行使了否决权。国会不顾总统的反对，接着再投票推翻约翰逊的否决。1866年4月9日，《民权法案》被通过成为法律。

与此同时，在南方，白人至上主义组织"三K党"在田纳西州成立。加剧的种族对立导致田纳西州孟菲斯市发生了持续三天的骚乱，造成48人丧生，几乎全是黑人。

日益激进的国会又提出宪法第十四修正案。该修正案把获得美国公民身份仅限定为在美国

▲ 虽然被剥夺了政治权利，但黑人教会在南方得以建立，成为当地社区生活和希望的重要中心。图为阅读宗教图书的黑人

**民主党人寻求推翻共和党的统治,并实施种族主义立法,于是创立类似"三K党"的组织,作为他们的执行机构。**

出生或加入美国国籍的人,然后将其送交各州批准,并要求南方各州批准该修正案作为重新加入联邦的条件。1866年秋季举行的国会选举中,选民们选出了一个由激进共和党人组成的众议院,他们决心重启重建工作。他们是国会的多数派,约翰逊总统再也不能阻挠他们的计划了。国会随后通过了一系列《重建法案》,将南方划分为五个由军队管辖的军管区,并强迫南方接受黑人选举权。这一重建过程持续到1877年,后来这一时期被称为"激进重建期"或"国会重建期"。

此期间的大部分时间里,共和党控制着南方的大部分州。为了通过《重建法案》,许多北方人前往南方,包括士兵、教师和商人。他们被称为"提包党人",因他们的手提箱常用地毯缝制而得名。在南方,当地出生的白人共和党人被称为"投靠北方的无赖",他们主要是小农阶级。最终,当地的黑人以压倒性的投票支持共和党,以争取结束南方的种族隔离,并获得一些经济和政治权利。黑肤色的美国人被选入国会和参议院。还有许多人在州立法机关任职,也包括南方各地的民选官员,包括治安官和基层法官这些职务。对于一个以种族隔离为基础的社会来说,黑人的解放带来了巨大的冲击。曾经是自己奴隶的黑人似乎突然成了自己的政治主人,对许多南方白人来说,是一个巨大的打击,他们对此并不乐见其成。

1867年到1868年,大多数南方各州重新加入联邦(最后一个州佐治亚州于1870年再次加

## 科尔法克斯大屠杀

重建时期最为残暴,也是最为严重的暴力事件。

1872年举行的路易斯安那州选举中,共和党和民主党平分秋色。随后,准军事组织正在掌管当地教区的谣言四起。1873年4月,一支由内战老兵威廉·沃德带领的黑人民兵部队控制了格兰特教区的法院。随着白人至上主义的势力开始聚集,4月11日,沃德离开法院去寻求州长的帮助。两天后,白人至上主义武装炮击了县府大楼。

短暂的交火之后,黑人守卫们举手投降。然而,一场大屠杀事件就此发生,大约150名黑人民兵被杀害。这起凶杀案成为全国各地报纸的头条新闻,联邦军队最终以这一罪行逮捕了97名男子。由于担心州法院会宣判凶杀案被告无罪,于是当局反而指控他们违反了《强制执行法案》。

当这个案子上诉到最高法院时,法院做出有利于被告的裁定,声称《强制执行法案》只适用于各州,而不适用于个人。结果大屠杀的凶手逃脱了惩罚。显然,对于南方的黑人而言,腐败和有偏见的地方法院现在不会提供给他们任何赔偿。随着第一部《吉姆·克劳法案》的通过,南方恢复种族隔离制度的努力已见成效。

▲ 正如《哈帕周刊》插图展示的,尽管大屠杀激起了公愤,但它却成为了种族隔离政策的敲门砖

▲ "三K党"准备施以私刑，处死一名他们认为是通敌者的男子

入联邦）。1868年7月28日，宪法第十四修正案正式生效。约翰逊总统虽以极其微弱的优势免于弹劾（参议院的一票，国会投票决定弹劾），但民主党人拒绝让他连任。他们选择曾任纽约州州长的霍拉肖·西摩作为总统候选人。共和党方面则提名尤利西斯·格兰特将军为总统候选人，他是内战中联邦取得胜利的军事方面的居功至伟者。格兰特当选为总统——尽管票数差距不大。正是新获得选举权的黑人为共和党人获胜提供了必要、足够的选票。

在共和党总统、国会和参议院的支持下，国会议员通过了宪法第十五修正案。修正案规定所有男性都有投票权，而不分种族、肤色或是否曾为奴隶。修正案被送交各州以待批准。该修正案是对南方不断升级的暴力事件的回应。在南方，白人至上主义组织正试图阻止解放黑人。其中第一个行动的是"三K党"，他们把目标对准获得自由的黑人奴隶和共和党人，用恐吓、暴力和谋杀的手段来对付他们。有关暴力事件的报道引起华盛顿方面的注意。国会通过了《强制执行法案》，准许联邦政府在当地立法机构未能保护黑人公民的权利时，行使保护他们的权利。《强制执行法案》中的第三项法案，就是著名的1871

▲ 1874年的自由广场之战，白人联盟袭击新奥尔良融合了各种族的警察部队

年通过的《"三K党"法案》，它强制的对象是"三K党"。通过法案的有效执行，取缔了"三K党"的第一代组织。然而，南方当地的民主党人为了寻求推翻共和党的统治，并在州议会中实现种族主义立法，他们又成立了类似的组织，作为民主党的执行机构，并最终帮助民主党在南方重新掌权。

"激进重建"起始于伟大的理想主义和远大的希望，但它最终被腐败所玷污。北方的政治丑闻将许多官员拉下马，而南方黑人政府官员腐败的谣言也同时开始蔓延。格兰特1872年赢得连任总统时，重建的政治意愿和民众的耐心已经消耗殆尽。内战早在七年前就结束了，选民和政治家的注意力转向了别处。

尽管南方的暴力行径仍在继续，1873年4月13日，大约150名黑人丧生于科尔法克斯大屠杀，民主党还是在1874年赢得了国会的多数席位。到1876年时，南方各州中只有路易斯安那州、佛罗里达州和南卡罗来纳州在共和党控制之下。在掌握住众议院和大多数南方州的立法机构后，民主党人开始通过一系列种族主义的法令，这些法令后来被统称为《吉姆·克劳法案》，从而确保了南方种族隔离制度的继续存在。这些法律一直持续到1963年。

为解放黑人而努力奋斗的共和党人打赢了内战，但顽强守护白人至上主义的民主党人窃取了和平。

▲ 尤利西斯·S.格兰特，内战期间联邦军队的总司令，美国第十八任总统

▲ 共和党候选人试图将他们的民主党竞选对手与"三K党"等组织联系起来，这通常也符合事实

# 重建中的家园

内战导致成千上万人死亡，让美国背负着痛苦重新团结在星条旗下，内战的影响将持续几十年。

**作者：戴维·史密斯**

凡是战争都会改变卷入其中的国家和人民，这是一个尤为痛苦的经历。而南北内战就在美国的过往和未来之间形成了一条分界线。在枪炮声沉寂后，这个国家显露出的现实就已表明这里已是一个面目全非的地方。前哈佛大学教授乔治·提克诺在1869年就评论道："我感觉我并不像是生活在我出生的那个国家。"

四年内战留下的一些后果是显而易见的。奴隶制被废除，西弗吉尼亚成为一个新成立的州。3800万的全国人口中，有60多万人丧生，这是一个令人惊骇的数字。

不知何故，虽然内战制造并加深了分裂，然而这个国家却变得更加团结紧密。最能证明这点的是，"美利坚合众国"这个名字不再是复数形式，而是单数形式。"The United States are"是内战前的常用用法，现在，取而代之的是"The United States is"。

然而，尽管人们认可国家通过内战而统一，但相互间的怨恨情绪却在不断加剧。在处理这场冲突带来的最显著影响时，人们仍会进行激烈而又有效的抵抗。

## 奴隶制的终结

废除奴隶制，使非洲裔美国人在理论上与他们的前主人处于平等地位。奴隶制的罪恶突然变得如此明显，以至于许多人惊愕它竟然被容忍存在了这么久。"因为我爱南方，"伍德罗·威尔逊在1880年讲道，"我为邦联的失败而感到高兴……奴隶制正在削弱我们南方社会的力量。"

然而，对解放黑人奴隶这一内战成果的抵抗来得很快。种族隔离的观念在重建时期就已出现，并在重建之后发展壮大。随着诸如人头税、识字测试之类新设置的资格门槛，美国黑人被稳

▼ 葛底斯堡战场雕像，美国对南北内战的一份记忆

▲ 1940年，北卡罗来纳州达勒姆，在一个公交车站（位于北玛格南大街309号）的"黑人候车室"标牌下的乘客

步地、系统地剥夺了公民权。1896年，路易斯安那州还有130344名黑人登记选民。仅仅四年之后，这个数字就降到了5320人。虽然贫穷、没受过教育的白人公民也被排除在外，但重点受到影响的还是黑人人口。

非洲裔美国人的公民权利也逐渐被侵蚀，最高法院在1896年公开支持种族隔离。当时它裁定，只要黑人乘坐的火车车厢与白人乘坐的火车车厢具有相同的标准，让黑人坐在不同的车厢里并不是侵犯他们的权利。"平等但隔离"的概念随即涵盖了所有形式的种族主义立法，种族隔离蔓延到公园、饮水机甚至墓地。分裂了南方社会的《吉姆·克劳法案》一直在被沿用，直到20世纪50年代和60年代的美国民权运动才将其扫入历史垃圾堆。

### 对经济的影响

过去几十年，人们普遍认为内战促进了经济发展，加速了美国的工业化进程。直到最近，有观点认为战争实际上减缓了经济增长，但是为战后的快速扩张奠定了基础。美国在冲突结束后迅速取代英国，成为世界头号工业化国家。

然而，南方发现自己已落伍。前邦联时期大

**尽管人们认可国家通过内战而统一，但相互间的怨恨情绪却在不断加剧。**

▲ 林登·约翰逊会见了民权运动的重要成员,包括马丁·路德·金(左)

▲ 内战期间有6万多人被截肢,给他们留下了显而易见的痛楚

"败局命定论"的想法就此生根发芽，许多人认为南方的理想是合理正义的，内战可能会以不同的方式进行。

## 民权运动

奴隶虽被解放，但对黑人的压迫远未结束。

由于社会对黑人抱有持续性的歧视，美国兴起了民权运动。在内战解放奴隶近一个世纪后，非洲裔美国人在生活的各个方面仍遭受着偏见和种族主义，特别是在南方各州表现尤甚。而比这更险恶的是，黑肤色的美国人常常因为最轻微的"违法行为"而遭受身体暴力。

因为经常面对来自白人的极端暴力反应，经过无数次的非暴力抗议后，民权运动逐渐开始明确自己的观点。发生在蒙哥马利的抵制公共汽车运动、格林斯博罗的静坐示威运动和从塞尔玛到蒙哥马利的游行，迫使整个国家开始正视这样一个事实，即美国内战所带给黑人的自由，随后又被系统性地从他们手中夺走了。

1964年的《民权法案》是一个里程碑，1965年的《投票权法案》在一定程度上恢复了非洲裔美国人一个世纪前就获得的选举权。然而，问题并不会在一夜之间就消失。动荡的社会浪潮持续到20世纪70年代，至今仍时有爆发。白人社区和黑人社区之间的经济差距实际上正在扩大。1980年到2016年，美国黑人家庭的平均财富在下降，而白人和拉美裔家庭的财富在增加。多项研究证实，就业领域仍然存在着对黑人的歧视，而财富越来越集中到白人手中。

直至内战结束150多年后，美国在很多方面仍然是一个分裂的国家。

▲ 罗莎·帕克斯在公交车上拒绝为白人乘客让座，成为民权运动的标志性事件

量的制造业在战争期间遭到严重破坏，而重建工作却又长期受到信贷短缺的影响而受阻。到20世纪结束时，南方工厂在国内所占比例实际上比战前还低了10%左右。北方1890年的平均收入为每年1165美元；而在南方，这个数字还不到一半。

南方得到复兴的是原材料生产行业。该地区有着丰富的自然资源——路易斯安那州的硫、阿肯色州的铝土矿和得克萨斯州的石油等。棉花产业也蓬勃发展，到1879年回到战前水平，1894年时就翻了一番，到1914年又翻了一番。

南方的农业也遭到战争的严重破坏（该地区三分之一的马和骡子被杀，一半的农业机械被毁）。但随着更多的土地被开发，包括改良化肥在内的新技术又提高了生产力，经济得到了复苏。引进的火车冷藏车厢则促使佛罗里达州和路易斯安那州的水果销量激增。然而，情况远非这样乐观。由于信贷短缺，人们几乎没有能力购买土地，于是"佃农"制度盛行起来。佃农租赁一块土地耕种，以自己付出的劳动换取这块土地产出作物的一小部分。虽然这远非奴隶制，但许多人仍然感到自己的一生都在同一个小农场里劳作，而且债务缠身，生活毫无改善的希望。

一些人认为工业化是解决南方问题的答案。但也有人则回首望向战前的梦幻时代，那个曾经强大而又高贵的南方文明。"败局命定论"的想法就此生根发芽，许多人认为南方的理想是合理正义的，战争很可能会以不同的方式进行。内战纪念碑开始在南方各地涌现，至今这也是一个引起争议的话题，"三K党"也不时地死灰复燃。

## 美国的孤立主义

尽管战争带来了种种变化，但细想之下，最值得考虑的一件事却并没有出现。内战结束后，美国已是一个真正意义上强大的国家。它的人口比英国的还多，拥有一支由近百万久经沙场的老兵组成的陆军和一支强大的海军，这个国家本应该有机会在全球舞台上展示自己。

但与之相反，美国人却与外部世界保持着疏离。部分原因是他们根本不需要其他人。美洲大陆还有巨大的扩张空间，国内市场足以消化工农业产品。直到19世纪末，美国才开始把目光投向更远的地方。那时，西部已被驯服，大陆已经安定。美国才感到自己需要发展国外市场。然而到那时，它的军队只有2.8万人。

战争已打响才整军经武，这种让人熟悉的美国军事风格，一直延续到了20世纪。第一次世界大战和第二次世界大战，见证了美国培养起来的参与战争的力量。

## 政治的影响

政治方面，内战使美国像以往一样依然四分五裂。权力牢固地掌握在北方手里。直到1964年，出生在前邦联南方州的人才首次当选总统（林登·贝恩斯·约翰逊以压倒性优势击败巴里·戈德华特）。

在20世纪30年代之前，非洲裔美国人一直有组织地投票支持共和党（亚伯拉罕·林肯所在的政党）。但后来转向支持民主党，部分原因是富兰克林·D. 罗斯福的新政。2008年，民主党人贝拉克·奥巴马成为第一位当选美国总统的黑人。

在战争期间，政府在民众的生活中扮演了一个比以往重要得多的角色，而它不会轻易放弃这一角色。国家变得更加集权和强大。尽管各州保有的权利仍是美国生活至关重要的一部分，但直接税和草案强制执行的出现，也是国家不断增强集权最显著的标志。

▲ 2008年，贝拉克·奥巴马成为第一位当选美国总统的黑人

▲ 一年一度的阵亡将士纪念日游行，参加的老兵逐年减少（图为1930年）

## 老兵

对于那些真正参加过战争的人，包括联邦和邦联的退伍军人，他们在战后的岁月里再无用武之地。随着军队的缩减，老战士们几乎在军队谋不到什么职位。不过黑人士兵已经证明了他们的价值，他们可以继续在纯黑人组成的部队服役，最著名的有"布法罗士兵"骑兵和步兵团。

内战于1865年正式结束，但对于成千上万受伤和致残的士兵来说，战争对他们的影响此后还持续了很多年。随着退伍老兵悄然离世，战争对个人的影响才不可避免地逐渐消散。1914年2月24日，一位名叫约书亚·张伯伦的前联邦将军，在担任了四届缅因州州长之后去世。他在第二次彼得斯堡战役中受了内伤，在忍受了长达50年的伤病折磨后才旧伤复发，最终死去，成为最后一名因内战而死的人。又过去42年，被双方登记在册官方认可的最后一位老兵艾伯特·亨利·伍尔森离世。美国内战已被载入史册，然而其影响余波至今未平。

▲ 希瑟·海耶在夏洛茨维尔去世后,许多寻求结束仇恨和分裂局面的政治活动家为她哀悼

# 联邦的现状

内战是怎样对当今美国产生影响的？
它把这个国家从政治、社会和地理界线上一分为二。

**作者：阿里斯·巴恩斯－布朗**

当唐纳德·特朗普首次登上总统演讲台时，许多人认为这不仅是他竞选团队的胜利，也是美国所谓的"极右翼"成员的胜利。这是一种新显现的政治现象，一群以白人为主的美国男性，感觉他们优越的社会地位受到了来自移民、女性等群体，以及一个试图压制美国各州（尤其是南方各州）的国家政府的威胁。他们起初只在网络上发出自己仇视的声音。但随着特朗普的当选，许多人认为在这个国家的最高职位上有了一名他们的代表。

通过浏览一些社交网络的在线论坛，你就会发现这种想法在美国社会的某些领域已经深入人心。虽然绝大多数人会谴责白人的分裂主义、种族隔离和其他形式的种族主义，但也有越来越多的少数派越发不加掩饰地宣扬种族主义、厌女症和其他有害的意识形态。其中一部分人自认为是"新邦联"。考虑到历史上邦联与奴隶制的联系，这是一个颇有争议的立场。回忆起白人至上时代，许多"极右翼"分子对内战前的那个时代充满了向往。在那个时代，"南方"拥有强大的蓄奴经济，不受"北方"的阻碍，白人掌控着所有的权力。

这种信念的产生已经有一段历史了。南北战争结束后，内战前的南方被浪漫化了。像电影《乱世佳人》把这个时代描述为南方的黄金时代。女士们衣香鬓影，十指纤纤，生活养尊处优。她们的家庭奴隶非常乐意为之服务，但这与真相有着天壤之别。然而对某些人来说，这仍然是一种令人深刻的印象。如弗吉尼亚州的政治家科里·斯图尔特就称自己是一个"自豪的南方人"。他曾参加过一个名为"旧南方舞会"的活动。他在活动中声称邦联的旗帜是"我们的（南方的）遗产"——将其视为南方身份的核心象征。

▲ 邦联留下的后遗症是一个强烈的政治理念，它把美国分成了两部分

内战的遗留问题也以不同的分裂方式表现出来。为了纪念南方在内战中所扮演的不同角色，许多团体，如"南方同盟""邦联退伍军人之子""邦联女儿联盟"等相继成立。尽管许多人坚称，它们绝非政治性团体。但是它们通过树立纪念"旧南方"的雕像和纪念碑，宣扬自己历史观的行为，就带有鲜明的政治色彩。例如，"邦联退伍军人之子"主页说它的存在是为了"确保1861—1865年真实的历史被保留下来"——这是一个别有用心的暗示，暗示着南方正在被蓄意抹去。

事实上，一些美国人多数情况下把自己定义为"南方人"，而非把美国当作一个整体。南方人嘲笑"北方佬"（南北战争中北方的绰号）很常见，反之亦然。但"南方身份"这个概念本身就是内战的后遗症——它强化了美国南方是一个"国中之国"的概念。它是为了抵御来自北方的压迫，维护自己独有的身份而战。它常常有意掩盖一个黑暗的背景——它没有提到南方经济是建立在奴隶制的基础上的。

一个人对邦联的认同，甚至可以揭示存在于他信念中的其他根深蒂固的方面，如欧洲血统要比其他血统优越的潜在信念，因此他们认为自己应该成为"优等种族"，可以随意使唤和虐待其他种族的人。在"极右翼"分子中，过去几年已出现了一些来自"新邦联"运动的恐怖分子。

以2015年发生的查尔斯顿枪击案为例，凶手迪伦·鲁夫的个人网站上到处都是邦联旗，他公开承认自己是白人至上主义者。全世界都看到了鲁夫的恐怖行径，他拿着手枪走入南卡罗来纳州查尔斯顿一座非洲裔美国人为主的教堂，杀害了九名无辜的人，其中包括教会的牧师。鲁夫拿着一把枪走进教堂时，信徒们正在参加圣经学习班，惊恐的教区居民质问他为什么这么做时，他声称他"必须"杀死他们,因为黑人"强奸我们的(白人男性的)女人",而且"正在接管这个国家"。通过鲁夫的社交媒体,我们就会发现他那尖刻无情的话语与邦联有着多么紧密的联系——在他的网站上,他手持着一把手枪和一面南方邦联的战旗。连他开去枪击现场的车辆保险杠上也贴着"美利坚联盟国"的贴纸。

这一悲惨事件在美国引发了一场关于南方邦联遗产的全国性大讨论。"星杠旗"——作为最具争议的南方邦联标志之一的旗帜,曾经在哈泽德公爵的车顶上如此显眼地展示过的旗帜,现在却逐渐变成了某种不祥的预兆。发生在查尔斯顿的悲剧引发了一场关于政府大楼、国家公园和公司悬挂邦联旗是否合适的讨论,邦联旗已被鲁夫和他的同伙当作仇恨的象征。枪击事件发生后,部分邦联旗和美国国旗一起下半旗致哀,但很快就有人呼吁将这些邦联旗帜全部取下。

竖立在萨姆特要塞外的邦联旗帜被永久地取下了,南北战争的第一枪就是在这里打响的。飘扬在南卡罗来纳州议会大厦外的邦联旗帜也被取下。甚至像沃尔玛、易趣和其他互联网巨头这样的大公司也同意从他们的网站上撤下涉及邦联旗帜的商品。但是,这些举动也很自然遭到另外一些人的强烈反对,一些组织,例如"南方联盟"就辩称撤下邦联旗帜是模棱两可地"修改历史",而且邦联旗帜并不是仇恨的象征——尽管它经常与纳粹旗帜、"三K党"旗帜等一起飘扬。

## 邦联旗成为某种更加不祥的预兆。

▲ 即使特朗普支持者被告知只能带美国国旗参加他的公众集会,但仍有一些支持者继续挥舞邦联旗帜

▲ 暴力冲突很快在聚集于夏洛茨维尔集会上的两方抗议者之间爆发

不久,美国又开始了一场有关邦联的雕像和纪念碑的全国性讨论。这些雕像或纪念碑大部分建于20世纪中期,部分是为了纪念美国内战爆发100周年,也是对民权运动期间废除《吉姆·克劳法案》和增加非洲裔美国人权利的一种恶意回应。在查尔斯顿发生种族主义袭击之后,要求拆除这些雕像的呼声越来越高,但这是很难做到的。时至今日,美国南方的许多州,如北卡罗来纳州和佐治亚州,仍然禁止拆除相关纪念碑。

2017年8月12日,这种不满情绪在弗吉尼亚州夏洛茨维尔联合右翼组织的抗议活动中被引爆。该市的一个公园将拆除罗伯特·爱德华·李的雕像。一群人——包括支持特朗普的保守派、"极右翼"和"新邦联"成员前来抗议拆除计划。做拆迁工作的承包商甚至收到了来自其中一些团体的死亡威胁。情况变得更令人担忧。以白人为主的抗议者讥笑道:"你们不能取代我们!"这表明他们因为李的雕像被拆除而感受到了威胁。这些人挥舞着纳粹党旗,穿着印有各类邦联旗帜的T恤,高举着种族主义和反犹太主义的标语牌。另外一群来自不同组织和运动的反抗议者与他们针锋相对,其中包括"黑人生命同等重要阵线"、反法西斯运动人士及一些教会团体。

形势迅速转向暴力,白人抗议者手持金属棒和其他临时获取的武器攻击黑人反抗议者的画面被拍了下来。弗吉尼亚州上午11点宣布进入紧急状态,取消了集会。但一名恼怒的右翼抗议者驾车撞向一群反抗议者,导致32岁的希瑟·海耶死亡,多人受伤。

夏洛茨维尔事件是美国政治的转折点。罗伯特·爱德华·李的雕像被移走了。有关南方邦联的纪念碑开始以越来越快的速度被拆除。例如,在巴尔的摩,市长凯瑟琳·皮下令在一周内拆除

**2015年以来,100多座与邦联相关的雕像被拆除,但仍有1000多座被保留。**

四座有关邦联的雕像——尽管它们是在夜幕的掩护下被移走的。夏洛茨维尔事件表明，美国社会中仍有一部分人希望用暴力来捍卫自己的观点。2015年以来，100多座与邦联相关的雕像被拆除，但仍有1000多座被保留。

自夏洛茨维尔事件以来，"极右翼"和"新邦联"成员基本上回到了互联网的黑暗角落。此外，一些南方州已经加大了对邦联纪念碑的保护力度，例如亚拉巴马州禁止拆除或改变超过40年的公共纪念碑，从而保护了许多20世纪的邦联纪念碑。

美国社会对于内战的后遗症仍然存在着严重分歧。特别是在过去几年里，对"南方"身份的认同与对"美国"身份的认同越来越不一致。有人说后者是北方再一次把自己的观点强加给南方。但是，美化甚至试图抹去南方的蓄奴历史也可能等于是"改变历史"。更具讽刺意味的是，批评的矛头往往同时指向那些试图以更真实的视角来刻画联邦和邦联重要人物的人。

## 南方邦联注定失败？

许多人认为，尽管邦联采取了行动，但它只是为了保护自己而战——而且从本质上讲，这是一场高尚的战斗。

对于"新邦联"特有的信仰而言，或许最令人担忧的一方面是"败局命定论"。它表明了南方的真实目的只是试图保护其荣耀和骑士的生活方式不受北方资本主义的侵犯，奴隶制不是内战的主要原因。许多支持"败局命定论"观点的人认为，南方脱离联邦的主要原因是它想要保护各个州的权利，而不是因为联邦的其他州试图打破与反对它的蓄奴州的平衡。因此，罗伯特·爱德华·李只不过是一个为国家而战的可敬的人，而这场战争的起因是国家内意见沟通不畅。

"败局命定论"以一种浪漫化的视角回顾了过往。南方人被北方打败，北方在技术和经济上都比南方更有优势。相比之下，南方的邦联被认为更勇敢，更有军事战略。一些人还指责美国政府在内战后重建美国的做法，认为这种做法过于恶劣，是蓄意破坏南方精神的行为。

然而，批评人士一再表示，"败局命定论"是改写历史的危险尝试——尤其是在一些学校里教授的教材对往事的叙述。在最近的一项调查中，南方贫困法律中心发现，只有8%的受访学生能确定奴隶制是内战的一个主要原因。可以认为，恰恰是以更积极的眼光来看待南方邦联的观点为以后的生活中出现的更极端的观点奠定了基础。

▲ 罗伯特·E. 李（图右）常常被描绘成一个正面人物（让·杰罗姆·李·费里斯绘）

# 如果蓄奴州赢了……

假设邦联军队在美国南北内战中取得胜利，
美国的历史会有什么不同？

作者：乔纳森·奥卡拉汉

**如果蓄奴州赢了，会发生什么？**

南北战争有两大重要成果，一是维护了联邦统一，二是解放了黑人奴隶。如果联邦最终没有团结到一起——换句话说，假设美国分裂成两个国家——那么美国的其他地区很可能会趁着邦联分裂的机会，将自己从当时独立存在的北方或南方再分裂出去。因此，今天你肯定会看到一个独立的中西部，如从加利福尼亚到华盛顿州的那片地区可能会成为独立的地方。即使是在南方的邦联内部，也有像田纳西州东部这样在内战期间积极支持统一的地区，这些地区可能已经脱离邦联。这就是一开始要反对分裂主义的主要理由之一，到哪里才是分裂的尽头？所以我认为会继续分裂，今天的美国大陆上会建立更多、更小的自治共和国。

**所以美国将会是一系列的小国家而不是一个完整的国家？**

是的，美国比欧洲大陆大，所以没有理由不会成为45个独立的共和国。我们观察美国版图的形状，习惯地认为它拥有从大西洋到太平洋这片大陆是必然的，但没有理由说这就是不可避免的。

**林肯的命运与战争息息相关，他是伟大的总统还是糟糕的总统，取决于军队获胜还是失败。**

▼ 如果林肯领导的是一场结局糟糕的战争，他将不会被视为历史上最伟大的总统之一，而是最糟糕的总统之一

▲ 当年北方和南方的边境巡逻与今日的美国和墨西哥的边境巡逻没什么区别

**奴隶制会被废除吗？**

解放奴隶有着更为广泛的全球性影响，包括奴隶制不会在1863年就终结。没有理由认为，如果邦联赢得了战争，他们就会主动放弃奴隶制。他们在19世纪的任何时候都不会放弃。世界舆论可能会转向认为他们会在20世纪时自愿放弃奴隶制。但即便如此，也很难想象会发生什么。这对巴西和其他国家产生了影响，其中一些国家在美国内战后解放了奴隶。因为他们看到了美国发生的事情，希望避免出现那种流血伏尸的对抗。因此，你反而会看到一个奴役制再焕发生机的完全不同的未来。我们讨论20世纪时，奴隶制将是西半球大国劳动制度以及社会政治结构的重要组成部分。

**如果美国永久地分裂为北方和南方两个国家，它们都会繁荣兴盛吗？**

从英国和法国的角度来看，在全球范围内，美国一分为二将是一件非常好的事情，这两个帝国都会大大松口气。因为到1860年时，整个美国已经是世界上最大的经济体，但单独的北方或南方却还都不行。南方或许需要从北方购买大量的工业产品，所以两方之间可能会达成某种协议。然而令双方不快的战争会使南方转向欧洲制造商，寻求与欧洲国家达成贸易协定，而不会转向北方。1860年的南方尽管富饶多产，但北方所走的发展道路，即发展更密集的工业和城市，显然是未来成功的秘诀。到1890年或1900年时，主要依赖农产品生产的经济，像南方以棉

·208·

花、大米、糖和烟草的产出为经济基础，不是一个好的长期战略，所以北方的发展会更好。

**美国还会参加第一次世界大战吗？**

如果南方已经执行与英国订立的贸易协定，这将恶化北方和英国的关系，很可能会降低北方参与第一次世界大战的可能性，而与欧洲联系松散的南方是否会迫于形势参战则很难说。除非它们大幅提高自己的工业基础，否则它们不会在其中起到什么作用。而这很大程度上就是美国参与第一次世界大战的价值所在——参战整合了整个美国的经济实力和工业生产能力。所以到了20世纪初，世界舞台上的情况会大不相同。

**北方失败后会对英国产生怎样的影响？**

很明显，英国政府的高层会争取斡旋和平，尽管我不认为这是完全出于无私。我的意思是，1862年9月，英国差一点就承认了邦联，事实上是安提塔姆战役阻止了它们这么做。英国更感兴趣的是重新建立贸易谈判，因为对南方邦联棉花的禁运已严重影响了英国，英方希望棉花贸易可以重新开始变得畅通。笔者认为，英国也意识到，从长远来看，一个衰弱的北方对他们来说是一个更有利的选择。而联邦的胜利，也被认为有助于英国在19世纪60年代通过各种改革法案，以及对选举规则限制的放开。如果没有他们所看到的全球性的民主胜利，这些事情可能永远不会发生，或者会在很久以后才发生。

## 联邦的胜利有助于 19 世纪 60 年代英国通过各种改革法案。

# 世界将如何变化？

**美利坚合众国**
北方会发展成为一个名义上的大国，但由于南方贸易而与欧洲交恶，它不太可能参加第一次世界大战。

**美利坚同盟国**
由于奴隶制依然猖獗，南方各州很难与工业化的北方竞争，其发展不得不依赖同欧洲的贸易。

**巴西**
如果没有《解放黑人奴隶宣言》，巴西和南美其他国家的奴隶制至少会延续到 20 世纪。

**英国**
像巴西一样，邦联获胜给了英国这样的国家继续在世界其他地方，比如非洲和印度实行奴隶制的借口。

**欧洲**
如果联邦未能获胜，诸如英国和法国这样的国家在扩张和掌控自己的帝国方面会更加得力。

### 战争的转折点是什么？

葛底斯堡和维克斯堡的两场胜利，在遏制1863年初兴起的"北方和平运动"方面起到了至关重要的作用。民主党在1862年秋天重新获得了国会的席位，而林肯在1863年面对着的是怨声载道的选民，所以这些胜利不可或缺。另一个转折点在1864年秋天，当林肯预计他不会获得连任，他会被以民主党总统候选人身份回来的麦克莱伦（乔治·布林顿将军）取代。麦克莱伦肯定要放弃将解放奴隶作为北方的战争政策，从而可能会以谈判结束战争的立场当选总统。林肯认为他最晚在1864年8月底就会彻底失去希望。而正是谢尔曼将军7月在亚特兰大战役及法拉格特上将8月在莫比尔湾战役接连的取胜才拯救了联邦，也挽回了共和党的选举人票，林肯才得以再次稳操胜券，战争最终在他的掌舵下结束。当然，如果他没有连任成功，结果会大不相同。

### 如果没有林肯会怎样？

麦克莱伦在内战将领的众神殿中并不是一个富有同情心的人物。民主党中的激进派推荐他负责推动和平谈判，使他处在一个被动的位置。尽管他尽其所能拒绝承担这一责任，但一旦他能在1865年3月就任总统，党内就会立即给他施加进行和平谈判的重荷。但如果没有林肯的军事胜利，战争就不会结束。尤利西斯·S. 格兰特将军将继续在彼得斯堡外与罗伯特·E. 李将军对峙，麦克莱伦上任后很可能立即停战，启动和平谈判。不过，考虑到士兵们的牺牲，他很难做到这一点。麦克莱伦在那些认为他是他们真正的指挥官的士兵中所得到的支持微乎其微，但如果他

## 会有什么不同呢？

**真实时间线**

1861

- **1861年1月，南方脱离联邦**
  包括佛里里达、亚拉巴马和佐治亚在内的诸多南方各州脱离联邦，引发了一系列事件，最终导致美国内战爆发。

- **1861年4月12日，炮击萨姆特要塞**
  邦联炮击驻守在南卡罗来纳州查尔斯顿的萨姆特要塞的联邦守备部队，被称为"全世界都听到的炮声"。

- **1861年6月至1862年12月，美国南北内战**
  战争在北美各地爆发，包括美国军事史上最为血腥的、发生于1862年9月的安提塔姆之战，此战共有2.2万人死亡、受伤或失踪。

- **1863年1月1日，宣布解放黑人奴隶**
  林肯总统发布《解放黑人奴隶宣言》，将废除南方邦联各州的奴隶制作为内战的最终目标。

- **1863年7月1日，葛底斯堡战役打响**
  戈登·米德将军在宾夕法尼亚州的葛底斯堡战役获胜，击败邦联罗伯特·E. 李将军入侵北方的计划。

- **1863年7月4日，维克斯堡战役落幕**
  密西西比河上最后一个邦联据点维克斯堡，向联邦投降。邦联现在被一分为二，面临战争失败的最终命运。

**真实时间线**

**假想时间线**

为和平而开始谈判，相当于对士兵说，他们付出的牺牲是徒劳无功的。很有可能他会停止解放奴隶，即使奴隶制已经结束，他也会主导一个更迅速的重建工作，很可能不会涉及非洲裔美国人的选举权。

### 那么，这是否意味着林肯不会被暗杀？

鉴于约翰·威尔克斯·布斯对林肯的怨恨程度，他会更乐意看到他被北方选民抛弃，蒙受耻辱，杀死他就没有太大意义了。如果林肯领导的是一场结局糟糕的内战，他将不会被视为历史上最伟大的总统之一，而是最糟糕的总统之一。林肯的命运与战争息息相关，他是伟大的总统还是糟糕的总统，取决于军队获胜还是失败。

### 现今的社会会发生什么？

这取决于南方奴隶制在未来的发展。当西班牙帝国还在控制北美的时候，被奴役的人们从一开始就反对奴隶制度，但这在于他们能达到什么程度的成功。一个成功的邦联无疑会加强对奴隶的巡查以及联邦对奴隶的保护。问题是，这是否会鼓励英帝国更积极地在印度和帝国的其他地方推行奴隶劳动，因为这基本上已是得到认可的做法。这预示着一个截然不同的世界，而不是一个逐渐提高工人待遇、改善工作条件的世界。这种情况在19世纪下半叶的西方，以及更晚些时候的东方确实发生过。取而代之的是世界的轨迹会朝着相反的方向发展。笔者猜测，如果邦联取得了成功，然后在背后支持奴隶劳动作为一种切实可行的办法，那么，在此后的几十年里，或者谁知道要多久的时间里，情况会变得更加糟糕。

- **1864年5月4日，全面进攻**
  联邦军队全面开启一场规模宏大的联合战役，旨在先从击败李的北弗吉尼亚军团开始，彻底打败南方邦联。

- **1865年4月14日，林肯被暗杀**
  林肯总统在被约翰·威尔克斯·布斯开枪击中的第二天早上离世。正因为林肯的坚决，奴隶制在1865年12月被废除。

- **1864年11月8日，林肯连任总统**
  亚伯拉罕·林肯挫败民主党人乔治·麦克莱伦，再次当选总统，使他可以继续为胜利而不是求和而战。

- **1865年4月9日，李率军队投降**
  罗伯特·E.李将军带领邦联军队在弗吉尼亚向尤利西斯·S.格兰特将军投降。残余的邦联军队在接下来的一个月内相继投降，战争结束。

- **1917年4月，第一次世界大战**
  强大的美国加入第一次世界大战极大地加快了战争进程，帮助协约国在1918年11月11日取得胜利。

- **1864年11月8日，麦克莱伦当选**
  邦联打胜葛底斯堡和维克斯堡之战后，民主党人乔治·麦克莱伦击败名誉扫地的前总统林肯，当选联邦总统。

- **1865年5月，达成和平**
  北方谋求与南方和平共处，并最终结束战争。联邦和邦联仍然是两个独立的国家，奴隶制还在南方盛行。

- **1900年，对外关系**
  1900年时，南方与欧洲建立了牢固的贸易关系。而繁荣的北方仍然对英国等欧洲国家存有怨恨。

- **1917年4月，第一次世界大战**
  如果美国没有统一，南北双方都不太可能加入第一次世界大战，从而使协约国失去了1918年赢得战争所需的关键援助。

# 图片所属

11,57,58,63,86,88,91,132,167,170,178,181,182,188,194,195,199,200,205　© Getty

46,49,132　©Wiki Public Domain

57,64,133,135,146,162,163,166,168,169,174,175,183,195,196,198　© Wiki

62　©Wiki Kurz and Allison

74　© Nicholas Forder

90　©Wiki Johnson, et al.

98　©Rocio Espin

102,105,117,133,134　©Alamy, Getty

114　© Nicholas Forder

123,125,135,179,187,208　©Alamy

126　© Wiki U.S. National Archives and Records Administration

130　©Rocio Espin

160　©Getty, National Library of Congress

176　©Nicholas Forder